档案信息化
建设与管理创新研究

王素红 陈山虹 洪 娟◎著

吉林人民出版社

图书在版编目(CIP)数据

档案信息化建设与管理创新研究 / 王素红, 陈山虹, 洪娟著. -- 长春 : 吉林人民出版社, 2024. 5. -- ISBN 978-7-206-21087-7

Ⅰ. G270.7

中国国家版本馆CIP数据核字第2024A91U45号

档案信息化建设与管理创新研究

DANG'AN XINXI HUA JIANSHE YU GUANLI CHUANGXIN YANJIU

著　　者: 王素红　陈山虹　洪　娟
责任编辑: 张文君　　　　　　封面设计: 左图右书
出版发行: 吉林人民出版社(长春市人民大街7548号 邮政编码: 130022)
咨询电话: 0431-85378017
印　　刷: 三河市嵩川印刷有限公司
开　　本: 787mm × 1092mm　　1/16
印　　张: 13.5　　　　　　字　　数: 220千字
标准书号: ISBN 978-7-206-21087-7
版　　次: 2024年5月第1版　　印　　次: 2024年5月第1次印刷
定　　价: 68.00元

前　言
PREFACE

档案记录着人们在各项社会活动中的重要信息，是非常重要的信息资源。它对社会各方面的信息进行了记载，从中可以较为精准地反映与预测各方面的社会信息。随着社会的发展，人们对档案越来越重视，档案信息化建设与管理也受到了更多的关注，相关研究者对这一领域的研究更加深入。

随着信息技术的发展，计算机和互联网在生活中运用得越来越多，社会生活的诸多领域都变得越来越数字化、信息化、智慧化，这些变化不仅对宏观经济的发展起到促进作用，而且也为人们的生活、工作带来了翻天覆地的变化。如今，众多行业都在5G技术的引领下向着更广泛信息化、智慧化阶段跃升。信息资源已经实现了数字化存储，档案管理信息化、智慧化建设工作也必然要与社会同步发展，档案由纸质信息化转化为数字信息化已成为档案管理的重要工作内容。为顺应社会各界对档案管理的需求，档案管理必须向更高水平发展，所以档案信息化建设与管理应运而生，成为影响我国档案管理建设的关键因素。

实现档案信息化建设与管理既是社会发展的现实需要，也是档案工作自身发展的需要，随着档案种类、数量不断增加，信息化、智慧化档案管理已经成为档案管理部门进行档案管理的必要途径。档案信息化建设与管理，既是提升档案管理与服务的业务需求，也是实现资源信息化和数据共享的需要。同时，一系列关于数字档案归档、管理的标准和规范的出台，为档案信息化建设和管理提供了依据和保障。自2000年国家档案局提出全面推进档案信息化建设战略部署以来，档案部门的信息化建设与管理工作开始全面启动，目前我国的档案信息化建设与管理创新研究还处在不断发展的阶段。为了以更专业和更精准的角度对档案信息化建设和管理进行研究，本书对档案信息化建设和档案信息化管理创新两大方面进行了深入探讨。

在档案信息化建设方面，对基础设施建设、软件建设、数字档案建设和保障体系建设进行介绍和讲解；在档案信息化管理方面，介绍了档案信息化管理的体系，对档案信息化管理过程中的资源整合、创新应用及管理创新模式进行了研究，以期望促进档案信息化建设与管理水平的提升，推动档案事业高质量、可持续发展。

目　录

CONTENTS

第一章　档案信息化建设与管理的理论基础 ……001

第一节　档案信息化建设与管理的目标 ……001

第二节　档案信息化建设与管理的内容 ……005

第三节　档案信息化建设与管理的任务 ……008

第四节　档案信息化建设与管理的原则 ……015

第二章　档案信息化数字资源建设 ……024

第一节　纸质档案的数字化 ……024

第二节　纸质档案数字化扫描设备 ……030

第三节　管理信息系统的应用 ……031

第四节　新型档案管理设备 ……034

第三章　档案信息化数据库建设 ……038

第一节　档案信息化数据库构建的理论依据 ……038

第二节　档案信息数据库的总体架构和主要功能 ……041

第三节　档案信息数据库的逻辑设计、物理设计和功能设计 ……049

第四节　档案信息数据库核心业务流程设计 ……057

第四章　档案信息化保障体系建设 ……061

第一节　宏观管理保障体系 ……061

第二节　标准规范保障体系 ……065

第三节　信息安全保障体系 ……069

第四节　人才队伍保障体系 ……076

第五节　信息技术保障体系 ……083

第五章　档案信息化管理体系研究 ……091

第一节　资源聚集体系建设研究 ……091

第二节　档案利用服务体系研究 ……094

第三节　档案安全体系研究 ……097

第四节　档案行政管理体系研究 ……099
第五节　档案信息安全管理体系研究 ……103
第六章　档案信息化管理的资源整合 ……108
第一节　档案信息资源的整合 ……108
第二节　档案信息资源的挖掘 ……118
第三节　档案信息资源的开发与利用 ……126
第七章　档案信息化管理的创新应用 ……134
第一节　大数据时代档案信息化管理 ……134
第二节　知识管理与档案信息化管理 ……136
第三节　数据挖掘技术与档案信息管理 ……140
第八章　档案信息化管理技术的创新应用 ……143
第一节　计算机档案管理技术 ……143
第二节　多媒体档案管理技术 ……147
第三节　档案信息存储技术 ……149
第四节　档案管理网络化技术 ……153
第五节　数字档案馆技术 ……159
第九章　档案信息化管理的创新模式 ……163
第一节　不同载体的档案进行统筹管理 ……163
第二节　文件档案实行一体化管理 ……167
第三节　推动馆藏档案的数字化应用 ……176
第四节　推动档案资源的社会化利用 ……182
第五节　档案资源实行多元化保存 ……190
第六节　数字档案实行安全性保障 ……195
参考文献 ……205

第一章　档案信息化建设与管理的理论基础

第一节　档案信息化建设与管理的目标

档案信息化的管理与建设目标是根据国家对档案信息化建设的基本要求,在国家宏观政策指导下建立起来的,它主要包括以下几方面的内容:按照电子政务总体建设的要求,实施电子档案工程;依托局域网、公务网和互联网,推进档案数据库建设和办公自动化建设;推进档案事业持续、快速、健康地发展,力争使我国档案信息化建设总体水平接近先进档案馆水平。

一、加强档案信息化建设的基础工作

国家对档案信息化建设的基础工作非常重视,国内外有关电子政务的提法很多,如电子政府、虚拟政府、数字政府、政务工作信息化等,其宗旨是指各级政府部门运用现代信息技术和网络技术进行办公,实现政府组织结构和工作流程的重组优化,为社会公众和自身提供一体化的管理和服务。档案馆所收藏的档案信息历来以政府信息为主题,因此电子政务必然与档案信息化有密切的关系。从促进电子政务完善发展的角度考虑,档案信息化建设作为国家信息化建设的重要组成部分,它的目标、任务和原则应在国家信息化战略目标的要求下,结合档案部门的实际情况和工作需要来制定。

档案信息化建设的基础工作包含的内容很多,概括起来主要有以下几个方面。

(一)硬件基础设施建设

随着电子政务业务的普及和人们认识程度的不断深入,人们对电子政务建设的要求也越来越高,为了适应电子政务建设的需要,各级档案管理部门应加大力度提高计算机的普及率,加强对档案管理人员的技术培训,用现代的计算机管理代替传统的手工管理,添置各种必需的服务器和客户PC

机,各级档案管理部门还应配置保证局域网、公务网和互联网安全运行的网络设备和存储设备,购买满足档案数字化需要的配套设备。

(二)加强数据库建设

随着电子政务的不断发展,各级档案管理部门必须根据电子政务建设的要求,建设访问用户的档案检索系统,而档案数据库是档案计算机检索系统的核心部分。各地档案管理部门应本着资源数据共享的原则,不断加强数据库建设,提供更高层次的数据库管理方式,以满足不同层次用户对信息数据的需求[①]。

(三)加强网络环境建设

网络环境建设是档案信息化建设基础工作的重要内容,它包括局域网、公务网和互联网建设。要在信息化的建设中实现"三网并进"的战略,就必须做到如下两个方面:首先,依托局域网建设,带动档案管理各个环节的办公自动化,尤其是档案利用服务窗口建设,档案管理的局域网应纳入本地区的局域网信息管理系统,与本地区的公务网、政务网、政府网同步。其次,各专业、部门、企事业档案馆的网络建设要纳入本系统、本单位办公自动化和业务管理系统。依托公务网、政务网的建设实现电子目录、电子文件数据的接收和传送,依托档案网站的建设,实现档案馆之间的互联互通,从而提高档案资源的利用效率,最大限度地实现档案资源的利用价值。

二、实现档案资源的整体规划和综合利用

档案管理部门应在"加强统筹规划,促进综合利用,避免盲目发展"的思想指导下,制定档案信息化的整体规划,最大限度地实现档案资源的综合利用。按照"统一、通用、科学、标准、共享"的原则要求,积极推进应用先进的计算机管理软件。按照国家电子政务的基本要求,加强档案计算机管理系统和办公自动化管理系统的衔接和融合,广泛应用文档一体化管理系统;进一步健全档案网站,不断丰富网站内容,有计划地开放数据库,提供网上查询和利用服务,并逐步增加交互式的网上办事功能。加快使用率高的专题数据库建设,不断增加档案信息资源的数量,加快查阅率相对较高的专题数据库建设,不断扩大数据来源和规模,最大限度地实现档案资源的综合利用。

①孟凡强. 档案信息化建设与档案管理的研究[J]. 兰台内外,2023(01):13—15.

三、实现档案信息资源的社会共享

（一）电子档案的归档

随着电子政务的不断发展，大量的电子档案和电子目录是今后档案信息的主要增长点，同时也是档案信息资源建设的源头之一。从档案信息化建设的长远考虑，各级档案管理部门必须加强对电子档案的归档、保管、利用的技术手段的管理，制定电子档案的接收标准的管理制度；可根据实际情况，实行纸质档案和电子档案"双轨制"的接收模式，并依托局域网构建电子档案的网上接收平台，开展电子档案目录和电子档案的全文接收，达到省时快捷的建档效果。电子档案目录的建立方便了档案的检索和查找，加速了档案的周转，提高了档案的利用率。

（二）电子档案的数字化管理

传统的档案管理体制下档案多以纸质档案为主，为了适应信息化建设的需要，实现档案信息资源的社会共享，就需要对纸质的档案进行数字化转换。档案信息的数字化包括两方面的内容，即档案目录信息的数字化和档案全文信息的数字化。档案目录的数字化包括全宗级目录、案卷级目录和文件级目录，各级档案馆必须在加快档案著录速度、严格规范著录标引的前提下，建设覆盖馆藏档案的全宗级目录和案卷级目录数据库，一些重要的档案将逐步实现文件级目录的机检，有条件的档案馆可实现全部文件级目录机检。档案全文信息的数字化，应围绕利用需求，以建立高质量的数据库为目标，积极地加以推进。通常是一般的馆藏照片、音视频档案应全部数字化，一些重要的全宗档案、利用率高的馆藏资料和专题文件应逐步进行全文数字化，一些条件比较好的档案馆，可建立多媒体全文数据库，形成档案全文数据中心，这样不但方便了电子文档的检索，也满足了电子文件实现社会共享的需要。

（三）电子档案共享平台的建设

网络环境下的档案信息资源建设，不仅包括自身馆藏的信息资源，还包括馆藏以外的档案信息资源。这种可供双向利用信息资源的实现模式就是建设档案目录中心。档案目录建设的实质是网络环境下各种档案信息资源的虚拟整合，以实现更大范围内的资源共享。各级档案馆应有计划地建设本系统的档案目录中心和目录分数据库，并通过公务网与主数据库连接，整合各种利用率较高的专题档案目录,建立机读目录的逐年搜集和送交机制。

四、加强电子档案的安全保障体系建设

随着档案信息化建设的不断发展,档案信息化的安全问题显得越来越重要。国家对信息化的安全问题极为重视,档案信息的安全保障体系建设主要包括以下几方面的内容。

(一)建立保证安全的法规制度

在有法可依的情况下,档案管理机构本身还必须根据国家相关的法律、法规、规章制度制定符合本单位实际的安全保密制度。比如,《安全等级保密制度》《电子文件管理办法》《违章操作审计查处制度》,把对信息安全的威胁降到最低。

(二)档案信息的安全管理

在电子文件的形成、处理、归档、保管、使用的过程中,档案信息都有被更改、丢失的可能性,即使拥有完善的信息安全技术,也需要有相应的管理措施来保证其得以实施。为此制定安全的管理制度对于维护档案信息的安全就显得十分重要。

1. 建立科学的归档制度

归档时应对电子文件进行全面、认真地检查,在内容方面检查电子文件是否完整,真实可靠的相应的机读目录、应用软件以及其他相关的内容是否一同归档,归档的电子文件是否是最终的稿件,电子文件是否反映产品定型技术状态的版本或本阶段产品技术状态的最终版本,电子文件与其他纸质的文件的内容是否一致,软件产品的源程序与文本是否一致等。在技术方面,应严把质量关,严格检查电子文件是否有病毒存在,确保信息的准确性。

2. 要建立严格的保管制度

所有归档的电子文件都必须做保护处理,使之处于安全的状态。在对电子文件进行处理或对电子文件实行格式转换时,要特别注意转换过程中的信息失真。另外,还必须对电子文件进行定期的有效性、安全性的检查,发现信息或载体有损伤时,及时采取维护措施,进行修复或拷贝。

3. 建立电子文件管理的记录系统

电子文件形成后因载体转换和格式转换而不断改变自身的存在形式,如果没有相关的信息可以证明文件的内容没有发生任何变化,人们是无法

确认它的真实性的，因此应该为每一份文件建立必要的记录，记载文件的管理内容情况，确保信息的准确可靠。

4.维护公共设施的安全

随着电子档案信息应用范围的不断扩大，数字档案信息的安全工作也日益重要。目前，威胁数字档案信息物理安全的因素主要有：机房、办公室管理不严，人员随意出入，对电脑文件、数据、资料缺乏有序的保存管理，工作人员对技术防范手段、设备认识不足，缺乏了解，操作不当造成设备损坏，内部网、电脑办公网与互联网混用。

第二节　档案信息化建设与管理的内容

一、档案信息化的规范化建设

标准规范化是实施档案信息化建设的重要内容之一。在档案资源的收集过程中，资源的存在形式是多种多样的，社会对信息资源的需求形式也是多种多样并在不断地发生变化的，因此没有标准化的规范体系，数字资源很难保证其内容的长期保存、有效的操作、数据交换、永久性保管，更难以实现信息资源的社会共享。

档案信息化的最终目的是实现档案资源的社会共享。档案信息化体系建设是以档案信息资源库建设为核心，以信息技术的应用为手段，以网络建设为基础的系统工程。档案信息资源体系建设涉及各种数据、网络建设和应用体系开发等各方面，档案信息标准是档案信息资源共享体系建设的重要保障。

标准统一是实现网络信息互通、信息资源共享的前提条件。标准规范体系包括管理、业务、技术三个方面。管理性的标准规范包括计算机安全法规与标准，工作人员、用户及设备管理规范，利用管理规定数字档案信息资源合法性的确认等。业务性标准规范包括术语标准以及相关电子文件和电子档案管理的标准、规范。技术性的标准规范可分为硬件、软件、数据标准等三个方面。硬件包括计算机、网络服务器、网络通信等电子设备，软件包括系统软件和应用软件数据，标准是确保档案的通用、共享与交换，确保在软硬件环境变化时档案数据的完整、安全与有效。

二、档案信息化基本设施的建设

(一)软硬件的基础设施建设

网络的建设是以计算机为基础的。它是用基本设施和线路,将多个计算机连接起来,再用网络的信息软件进行信息的传递,实现资源的共享。网络硬件的基础设施主要包括网络的布线、交换机、路由器配线柜、电源等设备以及终端计算机、输入输出和存储、编辑等设备形成完善的网络系统。软件系统包括网络管理软件、服务器数据管理、互联网的节点控制等。

(二)网络的数据库建设

用现代化的管理手段代替手工管理方式,对收集来的档案信息资源进行信息化的处理和存储。数据库是档案网络化建设的重要组成部分,是重要的网络资源,要加强网络化建设,就必须加强数据库档案资源的信息化建设。

(三)数据库管理人员的培养

数据库管理队伍的建设是档案信息化建设的重要组成部分。当前档案管理的整体素质建设与信息化建设的总体要求还有较大的差距,因此档案信息化建设必须依靠加强人才队伍的建设来提升和改造传统的档案管理和利用方式,在档案信息化建设的过程中,整个人才队伍的建设包括:一是档案信息化建设的组织领导体系。负责档案信息化建设的决策、规划、推进、指挥,为档案信息化建设提供良好的工作环境。二是具有领导能力、负有组织领导责任的领导人。这些人具有信息化的意识和时代的紧迫感,能够在自己的领域内,大力推进档案信息化的进程。三是数据库管理人员。他们负责档案信息化建设具体内容的实施,他们是档案信息化建设的骨干力量,所以目前人才建设的重点是立足于现有人员的培养提高,培养档案管理者的整体素质,把数据库管理人员作为重点培养的对象①。

三、档案信息资源的建设

(一)数字化处理前的准备

档案信息从数字化处理角度可以分为符号信息、静态视频信息、动态视频信息和音频信息。每一种信息都有不同的处理方式,因此要对不同的信

①刘洋. 档案信息化服务的特点、架构与实践[J]. 兰台内外,2022(36):40—42.

息制订不同的处理方案，最大限度地将档案实体上的信息保留下来。因此，档案信息数字化前的准备工作，对数字化档案信息的质量起着十分重要的作用。

（二）数字化处理子系统

这一部分是整个系统的核心部分，它利用各种设备系统对不同类型的档案信息分别进行处理，然后进入数据库，进行必要的组织和管理。它包括电子文件的处理系统对电子文件的接收和实行统一规范的管理以及提供网上查询利用服务。

（三）数据存储子系统

系统可以按不同类型存储在各类数据库和文件系统中。

（四）档案馆藏数字化处理系统

它是对非数字化的档案采取不同的方法进行数字处理，成为统一的数字化档案信息。

四、档案信息资源数据库的建设

档案信息资源数据库是档案信息化建设的核心部分，档案信息的数字化、网络化工作都要围绕着数据库建设进行，其工作结果都要存储在数据库中，数据的质量对于数据库的质量起着实质性的作用，其建设要以国际、国家标准为依据，为此必须做到数据的准确性，要保证存储的数据规范、准确。数据准确是对档案数据的最基本的要求，数据的规范要求档案数据库的数据著录项目符合规范要求，对于目录数据库的建设要依照事先确定好的著录标准进行数据库建设。要做到数据的有效性，要采用通用的文件格式标准记录档案数据，特别是对一些图形、图像、声音等全文信息，要采用标准和通用格式进行记录，降低未来有可能进行的数据存储格式转换和数据迁移的成本，杜绝馆藏数据无法读出的情况的发生。最后是数据的稳定性，档案建设重要的数据库结构、数据著录标准确立后，不能轻易变更，以维护系统的稳定和数据规范的连续性。

第三节　档案信息化建设与管理的任务

一、档案信息化数据库建设

(一)档案信息化数据库的性能指标

1.收录数据的准确性

数据库中收录的数据是否准确、可靠,关系到档案检索系统的检索效率。数据的任何差错,如字符的不一致、格式的不统一、拼写的错误等,都会对计算机检索产生影响,尤其在数据型数据库中,数据的不准确通常会造成严重的后果,可能降低信息系统在用户心中的可信度,会使用户对信息的准确性产生怀疑。数据记录的完整性是评价数据库质量的首要指标。数据库覆盖面的大小、收录数据的完备程度,关系到它是否能全面满足用户的检索需求,这是取信于用户的基本前提。

2.信息内容的丰富性

信息内容的丰富程度是揭示信息特征的重要指标。如对一份档案著录项目的翔实程度、有无摘要和外文、标引深度的大小。数据库的内容越充实就越有助于用户判断档案的价值及其切题程度,从而帮助用户准确、快速地找到所需的信息。

3.数据库的及时性

数据库的及时性主要指一份档案从形成到纳入数据库之间的时差。如果用户先看到原始档案,然后再从数据库中检索到所需的信息,就会认为数据库提供的数据不及时,数据库的及时性对于现实效益较强的科技档案尤其重要,数据库的时差越短,其价值就越大。

4.数据库的成本效益

建立数据库需要花费大量的人力、物力,因此经济成本是衡量与选择数据库类型的重要指标,应尽可能用最低的成本获得最大的效益。计算数据库成本的指标包括每个字段、每条记录的平均费用以及每次检索、每次命中记录的平均费用等。

(二)档案信息化数据库的组成和功能

数据库就是存储信息的仓库。这些数据被存储到计算机中,使人们能快速方便地对数据库进行查询、修改，并按一定的格式输出，从而达到管理和使用这些数据库的目的。硬件机制存储数据库和运行数据库管理系统的硬件资源，包括物理存储数据库的系统和其他外部设备等。数据库管理系统是负责数据库的存取、维护和管理的软件系统①。

数据库系统克服了以前数据管理方式的缺点，试图提供一种完美的更高层次的数据管理方式。它的指导思想是对所用的数据实行统一、集中、独立的管理，实现数据共享。数据库系统管理方式具有数据共享、数据结构化、数据独立性、统一数据控制功能等特点。

（三）档案信息化数据库的构成

目前，档案信息数据库的建设主要包括以下几个方面。

1. 档案全文信息数据库建设

档案全文信息数据库是最实用也是最受社会不同层次利用者欢迎的数据，因为这些全文信息通过网络环境，有可能使各方面的利用者不受空间的限制，以便方便得到利用。建立全文信息数据库关键是档案文献数字化的前处理工作。

2. 档案文件级目录建设

档案文件级目录一般包括重要文件级目录和案卷文件级目录。档案文件级目录建设至少具有两项优点：一是有利于用户对有关档案文献做深度检索和查阅，使查找更具有专指性；二是有利于与档案全文信息数字化发展相匹配。由于文件级目录建设耗时、耗力，一般以馆藏重点全宗档案为对象。

3. 档案案卷级目录建设

案卷级目录是档案资源建设最基础的数据。在档案信息化的建设中，档案案卷级目录应涵盖档案馆全部馆藏，必须达到馆藏要求，其内容包括馆藏各个时期和各种载体档案的目录。

4. 照片档案目录建设

照片档案目录是最受重视的专题档案目录之一。它有三个特点：一是著录项目多，与普通纸质文件相比，照片档案的著录项目更为齐全，因而其揭示的信息特征更多。二是照片目录与数字化或图片文件数据相关联使用。照片档案目录建设的关键是每条目录数据著录项目的完备性。三是分

①张仁芬. 档案信息化管理[M]. 长春：吉林摄影出版社，2019.

类标准独特，与普通纸质档案相比，照片档案的分类更切合档案馆藏的实际，使用者更易接受。

5.专题档案目录建设

专题档案目录是目前最热门的电子档案检索工具之一，是以真正提供利用为目的、方便利用者的检索工具。他积聚了馆藏中有关档案专题的所有案卷级目录和文件级目录，这些目录包括全宗的目录集合体。专题的内涵包括档案内容、档案文本或档案载体等。专题档案目录建设的关键是对有关专题的选择和确定，必须兼顾馆藏特色和社会利用需求。

二、数字档案的收集

数字档案馆主要收集各个立档单位的电子文件以及各立档单位经过数字化处理后的传统档案，是档案馆数字档案信息的重要来源。

（一）电子文件的收集

电子文件和纸质文件的生成背景和发挥作用的不同，造成其收集方法和要求也不相同。如“无纸化”的电子文件，不仅要收集积累，更要有严格的安全措施，因此可制作成拷贝文件，以免电子文件系统发生意外使文件信息丢失；起辅助作用或正式作用的电子文件，应及时收集与整理，并与其相应的纸质文件之间建立标识关系；草稿文件一般不予保留，如果出于对所保留电子文件重要性的考虑，则应对其进行收集和积累。

电子文件的类型多种多样。按形成电子文件的性质分为文本文件、图形文件、图像文件等；按电子文件的功能分为各种公文、文本文件、设计文件、研究试验文件等。对电子文件的收集、积累应包括归档范围内所用的电子文件，对未列入收集归档范围的电子文件，有的也要收集，因此尤其需要对一些项目做补充归档或扩大归档。因此，归档人员需要了解一些未列入接收电子文件的形成、承办情况，有的要及时主动收集。特别是对个人电子计算机产生的电子文件的收集工作，时效性很强，错过时机，电子文件就有失散、损毁的可能。

（二）电子文件归档的具体形式和要求

电子文件归档的形式概括起来主要有三种，即物理归档、文本转换归档和逻辑归档。物理归档是将带有规定标志的电子文件集中拷贝到耐久性能好的磁、光记录介质上，一式三套。一套封存保管，一套供查阅使用，一套异地保存。

文本转换归档是将电子文件转换成纸质文件归档，并使纸质管理系统与电子管理系统建立互联关系。这种归档方式是为了适应现有的科技水平，保证电子文件的原始性和凭证价值而采取的措施，有其局限性。

逻辑归档是指电子文件的管理权从网络上转移到档案部门，在归档工作中，电子文件的存储格式和位置暂时保持不变。这种归档方式解决了许多机关收集归档难的问题，并使档案部门对其应予以接收的电子文件有了控制权。

（三）电子档案的接收和迁移

按档案存储法的有关规定，电子档案到了一定的年限就应向综合档案馆移交，其中包括目录和全文信息。综合档案馆的收集一般采用介质接收和网络接收两种形式。介质接收即用存储体传递的电子文件，如磁盘、光盘，进行卸载式离线报盘接收，一般按规定进行登记、签署，对于更改处，要填写更改单，按更改审批手续进行，并存有备份文件，防止出现差错。网络接收即在电子计算机网络系统上进行在线接收，系统应设计自动记录功能，记载电子文件的修改、删除、责任人以及记录数据库的时间等，并在进入数据库之前，对记有档案标识的内容进行鉴定、归档和接收入库。

三、馆藏档案信息数字化

（一）馆藏档案信息数字化的工作内容

馆藏档案信息数字化主要包括两项任务：一是将传统载体的档案目录进行数字化；二是将档案内容进行数字化。

档案目录数字化的主要工作是对载体档案进行编目，并将目录信息录入到计算机中，建立档案目录数据库，利用管理信息系统实现档案目录数字化的计算机管理和目录信息的资源共享。

档案内容数字化的主要工作是馆藏的纸质、录音、录像、照片等档案，通过扫描、加工、处理转变为文本、图像、图形、流媒体等数字格式信息，存储在网络服务器中，利用计算机及信息系统提供查询、检索和浏览。

档案内容数字化工作包括数字化预加工和深加工两个步骤，数字化预加工能够将纸质档案、照片档案、微缩胶片等转变为电子图像文件，不能将纸质档案上的文字信息进行完全处理；数字化的深加工则是利用技术含量较高的语言识别处理技术获取载体档案中的文字信息,方便提供全文检索。

(二)馆藏档案信息数字化的业务流程

1.数字化的预处理

预处理是数字化加工的第一步,其主要的工作是将馆藏的实物档案,比如纸质档案、录音、录像、照片、微缩胶片等按照数字化加工的轻重缓急原则进行筛选,然后再按照下一步数字化处理工作的具体要求做拆分、分类、整理、模数转换等处理工作。此环节中的安全风险主要来源于公共环境等人为因素,主要安全任务是防火、防抢、防盗、防泄漏以及防止因错误操作而导致档案受损的事故的发生。因此,该阶段采取的安全防范措施是按照加工工序制定严格的安全管理制度,明确各项工作的岗位职责,并严格监督执行;启动档案馆的安全监控系统,实行实时监控,一旦出现问题应立即采取措施。

2.数字化加工与转换

就是将传统的档案转换为数字形式标识的档案信息资源,其主要工作包括:纸质档案的扫描、录音、录像、数码拍照的数字化转换以及微缩胶片的数字化等。本阶段安全问题主要是加强对损坏程度比较严重的纸质又很薄、很难直接进行扫描或者无法采取扫描方式进行数字化的历史档案的处理。本阶段的安全重点是数字化过程中原件的保护,必须在大量实践经验的基础上,选择科学、合理的数字化加工与转换技术及指标开展工作。

3.信息的处理

信息处理的主要工作是将数字化后的图像文件、多媒体信息等与档案的著录信息进行关联的重要过程,也是整个数字化工作的重要内容。首先是档案资源的编目、标引等基础数据的录入和处理等工作,将图像与多媒体文件对照原始档案进行核对、压缩等处理工作,无论是纸质档案还是录音、录像档案,通过模拟到数字化的转换后,都可能造成一定程度的数据丢失或信息失真。因此,本阶段的安全重点是保证档案数字化后能够被存储、保存和利用,并考虑如何将失真度降到最低的问题。

4.信息的存储

经过处理的数据需要存储到网络环境中并提供利用,而不仅仅是存储在光盘上保存在库房做档案备份。因此,应根据数字化的存储容量及网络化的利用要求，选择网络存储设备、考虑数据库与电子文件存储和被访问的方式，这一阶段安全的重点是考虑电子文件的存储和保管的安全模式，严格按照档案管理的标准开展规范化操作。

5.信息的利用

这一阶段将采用计算机应用软件系统，按照档案法及本单位的管理规范，将数字信息发布到网上，并提供不同网络范围内的不同数据内容的档案利用。本阶段安全防范的重点是：系统用户权限的严格管理、对访问系统中用户身份的严格认证以及内网、外网计算机之间的访问、控制等安全问题，同时还要严格管理网络上各服务器、客户端等计算机系统，并防止应用程序受病毒的感染、网站受黑客的攻击等非安全因素的发生。

（三）馆藏档案信息数字化方案的确定

选择什么样的方式是进行馆藏信息数字化的关键。由于档案馆保存的档案数量众多，不同档案的价值信息和开放利用的时间不相同，对不同档案的保密程度也各不相同，因此在档案信息化之前，档案馆必须确定哪种信息可以数字化，哪种档案信息资源目前不需要或者暂缓数字化，哪些资源应优先数字化。最后选择何种方案，应当紧密结合馆藏的具体情况和社会利用发展趋势做出判断。目前主要有以下几种形式。

1.全部馆藏数字化

采用此方式是将传统的档案馆全部馆藏信息数字化，建立数字档案馆，完全继承传统档案馆的全部信息资源。这是理论上最彻底的数字化方案，对利用者来说是最理想的。这种方案比较适应那些馆藏档案数量较少，开放档案占据馆藏档案绝大多数的档案馆。对于那些馆藏数量众多，利用率较低，且档案数量大、需要控制利用档案的数量较多的档案馆，从降低成本和效益的角度来考虑，不一定是最佳策略。

2.高利用率馆藏数字化

这种方案在一定程度上可以起到降低成本、提高效益的作用，但具体实施有一定的困难。一般来说，不同用户所需要的档案信息，在范围和重点方面有不同的特点，且对不同类型的档案信息的使用频率也不同。另外，一部分高利用率的档案具有时效性，因此档案馆向利用部门提供一份较长时间的利用反馈报告，可能会有助于对馆藏高利用率档案的合理选择。

3.珍贵馆藏数字化

从理论上说这是最合适的方案,其难点是对珍贵档案必须具有可操作性的诠释,这种可操作性应是建立在对馆藏档案资源熟悉和价值判断的基础上。一般来说,那些高龄档案,涉及某一地区重要机构、重大事件和重要任务的档案以及在同类档案文献中较为稀少的档案等,都可以列入珍贵馆藏之列。一般来说,这部分档案的利用率是很高的。

4.即时利用数字化

即对部分档案并不数字化,只是到利用时才进行数字化。这是最具功利色彩的用户至上方案。所有用户不需要的馆藏均被排除在外,这是该方案最突出的优点,但也是最致命的弱点所在。用户的即时需求有很大的偶然性,过分考虑这一需求,无疑会提高档案馆数字化的经济成本。

四、数字档案馆信息化建设

数字档案馆建设的内容十分广泛,其主要的建设内容主要有:基础设施建设、应用系统建设、信息资源建设和标准规范建设。

(一)基础设施的建设

数字档案馆与一般的档案馆相比具有海量存储用户多和长期接收服务请求等特点,需要稳定可靠、可扩展的运行系统做保障。基础设施建设包括网络更新建设、硬件更新建设和系统软件建设等。数字档案馆网络工程的建设根据服务对象的不同可分为三个层面,即档案馆内部网、与政府各职能部门相连接的政务网和与互联网连接的外部网,这三网之间适应物理隔离,并各司其职。硬件设施主要包括数字化加工设备、网络设备、服务器、存储设备和输出设备。系统软件包括计算机的监控管理程序、调试程序、语言翻译程序、数据库管理程序、数据通信程序及操作系统,其中计算机操作系统是系统软件的核心,它独立于计算机,是控制和组织计算机活动的一组程序,是用户和管理的接口,是整个系统运行的基础。

(二)应用系统建设

数字档案馆的应用系统是一个可根据需求进行扩展的网络应用系统,其功能通常包括档案的数字化加工,档案信息的收集、录入、检索、利用、编研,具有可扩展和使用特性。应用系统的开发必须具备开放性和扩展性、易用性和易管理性、稳定性、安全性等。

(三)信息资源建设

信息资源是数字档案馆的核心资源,因此信息资源的建设是数字档案馆建设内容的核心。信息资源主要来源于传统档案馆馆藏、各立档单位的材料、专题信息数据和政府公开信息等。

(四)标准规范建设

标准规范是实施数字档案馆工程的重要基础之一。面对数字档案馆资源形式的多样性以及社会对数字资源共享要求的广泛性,传统档案馆应根据国际标准和通用标准规范,确保数字资源内容的长期保存、数据交换、资源管理和安全使用。一个完善的标准、规范体系的制定,应借鉴国内先进的相关标准、规范,考虑国家之间信息化接轨,优先采用相关的国际标准、规范,并在使用过程中进行必要的本地化工作。数字档案馆的标准化建设包括管理性标准规范、业务性标准规范和技术性标准规范。

第四节　档案信息化建设与管理的原则

档案馆信息化建设的具体措施,必须在科学、缜密的思想指导下进行,才能少走弯路,以较少的投入,取得最大的效益。在实际运行的过程中,这些缜密、科学的指导思想是根据社会信息化发展的一般规律,并结合档案信息化自身的特点总结和提炼出来的,在具体实施档案信息化建设的过程中,这些科学、缜密的指导思想便转化为必须遵守的原则。因为档案信息化建设本身是社会信息化的一个方面或一个组成部分,因此社会信息化实施所应遵循的原则,同样适用于档案信息化建设,如信息共享原则、以人为本原则、信息化建设可持续发展原则等。下面所阐述的几项原则,主要是针对档案信息化建设而言,即在考虑信息化建设固有规律的同时,要注重档案馆自身信息化建设的特点。

一、协调发展的原则

档案信息化作为一项规模庞大的系统工程,从工程的组织实施来说,其固有的规律是各个子系统之间必须协调发展,这是档案信息化建设必须遵守的一项基本原则。

（一）同档案馆的基础工作协调发展

档案信息化建设需要进行大量的基础工作。其主要的工作在于各种档案信息的加工和集成，离开了这些基础工作，档案信息化建设就成了一句空话。因此，档案信息化建设必须贯彻同基础工作协调发展的原则。在基础工作中，档案信息的著录和输入是最基本的内容。档案信息的著录根据利用的要求可以有多种形式，通常用的是档案著录和文件级档案著录。档案案卷级著录体现着国家的有关政策，对一个案卷的内容进行著录，产生几项重要的知识性信息，从而揭示这一案卷在内容、载体方面的重要特征。①

（二）同信息技术的开发利用协调发展

信息技术的综合利用是档案信息化建设的难点。信息技术的综合利用，包括各种信息软件的开发、硬件配置的集成、网络环境的构建。大量的实践证明，信息化能否取得实效，其预期的效果能否达到，系统软件的开发和利用十分重要，信息化建设的先进性就在于此。同信息技术的开发协调发展是指，要充分重视与信息化建设密切相关的系统软件开发和应用的重要性，在考虑做好丰富馆藏和加强著录信息化前期工作的同时，必须把实现效能的系统开发软件放在重要的位置，加大投入的力度，进行广泛的调研论证。

在进行系统软件开发的过程中，我们应积极采纳先进的技术成果加以利用。然而信息技术的不断发展变化，任何最新技术都是相对的，因此在新技术的应用方面，我们必须面对现实，实事求是。我们必须认识到系统软件开发完成后，其功能的不断完善还需要一个渐进的发展过程。而系统的开发者多数是对档案业务不熟悉的计算机技术人员，他们对系统软件的需求、结构和功能的认识有一个逐步深化的过程，而信息技术的实现是各种设想和技术整合后的具体体现，因此许多技术软件在当初开发时都还不十分成熟，需要在以后的实践中不断地补充、发展和完善。因此，在信息化的建设过程中，切实贯彻同信息技术的开发、利用、协调发展的原则十分必要。

（三）同馆藏信息一同协调发展

档案信息化的根本目的是实现资源的社会共享，决定档案信息的功能

---

①赵健．综合档案馆档案信息安全保障策略的实践与思考[J]．黑龙江档案，2022(03)：330—332.

和作用的发挥是看资源本身给社会提供了多少有价值的信息，所有这些都取决于档案馆藏的数量和档案资源的丰富程度。如果一个档案馆的馆藏达到一定的程度，结构也比较合理，信息的种类也比较齐全，那么信息化就有了比较好的资源基础，在实施信息化的过程中不会感到在档案的门类等方面存在较大的缺憾。反之，如果一个档案馆本身的数量有限，资源的种类单一，再加上自身结构的不合理，那么信息化的发展将会受到很大的阻碍，因此在信息化之前，档案馆自身馆藏的实际情况是一个必须考虑的基本因素。由于历史的原因，我们无法改变档案馆已有的馆藏，但我们可以扩充现有馆藏的品种和数量，可以通过征集等措施尽可能增加馆藏的数量，达到档案信息的多门类、多品种，为档案信息化建设提供较为丰富的资源基础，避免因为馆藏不足影响信息化建设进程的事情发生。

（四）同实际应用协调发展

档案信息化的目的在于利用，不是为了信息化而信息化，因此在信息化的过程中必须贯彻同档案利用工作协调发展的原则。也就是说，必须以社会对档案利用的需求为导向，来规划和调整信息化的实施步骤。一方面，要以利用率高的信息作为信息化的重点内容，使信息化有一个牢固的使用基础，充分显示其对社会的适用性；另一方面，要根据社会利用需求的发展趋势，进一步扩大档案的利用范围，充分发挥档案信息的内在潜质，对信息化建设做全面的统筹和规划。另外，档案信息化建设是一个长远发展的战略性建设，其信息化的过程也是一个动态的发展过程，因此我们必须对信息化做出一个长远的发展规划，因信息化是一个长远的动态发展过程，所以在信息化实施的过程中，必须根据社会对档案利用的需求变化，对要调整的档案门类和品种进行及时的调整，避免关起门来自己建设的封闭做法。因此，信息化建设要贯彻协调发展的原则，就必须重视信息化建设同实际应用协调发展的原则。

二、分步实施的原则

档案信息化建设是一项庞大的系统工程，因此它的建设不可能在短时期内完成，由于各地档案馆的实际情况不同，有的档案馆的信息储存量大，信息化需要投入的人力、物力较多，同时由于计算机技术的发展变化较快，实现信息化在硬件上的投入较大，也不可能一步到位。因此，信息化建设必须实行分步实施的原则。它的实施包括信息资源的分步实施和系统功能的分步实施两部分内容。

(一)信息资源的分步实施

档案目录信息资源的建设是信息资源建设的重要内容之一,它建设的主题内容包括本身的馆藏目录和本地区所用的档案目录建设两部分。这两部分资源覆盖的范围不同,基础条件也不同。对于建设本馆所藏的档案目录来说,需要从馆藏结构特点出发进行规划和设计,提出整体规划和设计要求,然后组织实施。对于覆盖地区范围的目录中心,由于地区方位内各档案机构的基础状况不同,目录的数据结构不同,首先对能够在同一平台上运行的目录进行整合和转换。在整合转换的过程中需要解决许多技术问题,必须以科学的态度,逐一加以解决,因此在构建目录中心时,必须根据具体情况制订具体措施,分步组织实施。对于那些基础性、专题性和全文信息的实施步骤,一般是把基础性的信息作为信息化的第一步内容;把专题性的信息作为信息化的第二步;把全文性的信息作为信息化的最后内容来处理,这也是根据信息实际操作方便的难易程度以及人力、物力的投入多少等因素综合考虑后来实施的分步策略。

(二)系统功能开发的分步实施

档案信息化的利用程度在很大程度上取决于系统功能软件的实现,关系到以计算机技术的应用为主题的系统功能的开发。一般的开发原则是,考虑到系统开发的费用巨大,计算机技术的迅猛发展,系统功能的开发可采用分步实施的原则,急用、利用率高的先开发,拓展性功能可以延续开发。系统功能的分步开发在经济上可以避免一次投入过大的开发经费,减轻经济上的压力,在安全性上可以防止重大失误而导致整个信息化实施的重大挫折,从系统功能的最佳实现来说,由于采用了不同的计算机技术,有利于技术的及时更新,保证系统功能与最新技术的接轨。

三、安全的原则

档案的安全管理是信息化建设的首要前提条件。档案安全本身的重要性是由档案本身和档案管理的性质所决定的,档案信息化的建设必须充分考虑到安全问题,正确处理好方便、高效与安全管理的关系。一般来说,数字化的档案存储应该使用带自动备份功能的服务器,配置备份信息设备,如光盘库、专用网络存储设备，对备份信息还实施迁移。同时，使用安全介质定期刻录备份信息实行异地保管。

数字档案的安全保障必须建立严格的管理制度和操作规范，必须实行有效的网络安全措施，必须采取严格的授权管理系统。安全保障的原则主要包括：①密级区分原则。即对密级档案实行物理隔离并落实责任到人。②内外区分原则。将开发档案信息与内部业务运行过程的信息实行隔离。③用户区分原则。将档案管理人员和档案形成人员，内部用户和公共用户加以区分。④系统区分原则。将档案信息管理系统及其网络化归档、信息共享、辅助决策等子系统加以区分。

四、应用性原则

档案馆在实施信息化管理与建设的过程中进行的馆藏档案的信息资源整合和集聚，建设档案信息资源共享体系时，其主要任务是将能揭示和反映档案主要内容和原型特征的目录信息、相关原始档案信息，经过现代计算机技术的应用，进行海量存储，并通过多种检索途径，顺利地实现快速的直接查阅利用。要取得这些海量档案信息利用的理想效果，涉及很多的工作环节需经历多个阶段。一般将档案信息资源的整合和开发作为信息化的前处理工作，不管前处理工作多么复杂，其最终的目的是实现档案信息工作的有效利用。为此，档案馆在实施信息化建设的过程中，首先应该贯彻的原则是实用性原则。实用性原则的指导思想是所有在信息化过程中被整合处理的档案信息，必须能够适应各种利用需要。也就是说，档案信息化必须以社会各方面在相当长一段时间的利用需要为原则。

从这一原则出发，在实施信息化建设与管理的过程中，对具有教育功能和作用的有关信息档案进行整合、处理以及建立专用的检索渠道就显得十分必要。这就需要从档案信息中挖掘具有教育意义的信息，例如反映本地区反封建的历史进程的史料，人民群众的各种创造性的成果以及反映在各个历史时期所发生的重要而深刻的变化和取得的巨大成绩的信息等。考虑到爱国主义教育基地的建设和影响，除了文献信息外，也可将这些史料制成专题片或光盘配送到各个学校，使这些珍贵的史料更贴近生活，使青少年在潜移默化中受到爱国主义教育，增强他们的民族自豪感和自信心。

在国内，近年来档案界的一些有识之士也开始重视这种发生在档案馆的新的利用方式，并呼吁尽快建立相应的环境和机制，促使这种休闲型利用成长起来。为此，在档案馆实施信息化的过程中，应该看到这种虽处于萌芽状态的社会需求可能随着社会经济文化的快速发展而快速成长。休闲利用与其他利用相比有它的特殊性。由于这方面的利用目前还没有很好地开展起来，所以我们很难对这方面的需要归纳出一些规律性的东西。但我们可以从图书馆、博物馆、展览馆方面汲取营养，深入思考，进行借鉴。

五、效益原则

档案信息化建设和管理要贯彻效益的原则，这种效益主要是功能效益和利用效益。

（一）系统功能效益

在一定程度上系统的功能状况是衡量信息化是否达到了预期效果的一个重要指标。信息化能否顺利地进行和运转，很大程度上取决于信息化功能的实现程度。信息化投入最大的经费是在系统功能的设计、开发以及硬件设备的配置上，因此信息化功能的显示不但包括系统功能覆盖的全面性，操作维护的方便性，系统运行的快捷性、安全性等，同时也包括整体功能的先进性和稳定性。一个系统如果达到了以上方面的要求，我们可以认为它是成功的、有效的，否则这个系统就是失败的。

（二）利用效益

利用效益指的是信息化系统能够进行各种专职性信息利用的程度。一般来说，满足度与针对性效益是成正比的，即满足度越高，其针对性效益也越高；反之，满足度越低，针对性效益也越低，这种满足度主要取决于信息积聚的覆盖面以及新增信息的周期性和及时性。由于社会对档案利用的专职性需求经常处于动态变化中，这就决定了信息的积聚和扩充也处于动态的变化之中，既能够把社会的有用信息增补进整个信息系统，最大程度地满足专职性、特殊性信息利用的需要，提高信息利用的针对性。

（三）成本效益

档案信息化建设管理是一项长期的系统工程，特别是网络技术的运用，使整个系统的结构更加复杂，技术含量更高，因此在对系统进行使用和管理上，除了对管理人员有技术的要求外，在经济上也需要投入相当大的成本。一般系统维护和管理的成本效益主要包括两个方面：一是系统建设必须建立在科学和可靠的基础上，即必须有比较成熟的技术做支撑，确保系统建成后日常的维护和管理能够以相对较低的费用加以维持，而不会出现系统的功能发挥还算可以，但系统维护的庞大开支却难以支撑的情况，或者是系统建设先天不足，使用中毛病百出，致使在维护和管理上不断增加投入。二是系统的建设必须考虑今后功能的扩充和设备的升级。也就是说，系统在建设的过程中必须考虑以后系统升级的兼容性。

在信息化建设管理的过程中，我们应始终贯彻效益的原则，这样可以使我们投入少量的资金，取得较好的经济效益，产生出预期的效果，从而使档案信息化建设进入良性的发展轨道，加速信息化建设持续、稳定、健康地向前发展。

六、社会化原则

档案信息化建设管理涉及的范围广，工作难度大，需要的技术力量相对较强，这就决定了档案信息化建设仅仅靠档案馆自身的力量是远远不够的，必须依靠外在的社会力量才能胜任信息化建设的各项任务，这种依靠外在社会力量的做法，就是社会化原则的具体表现。

（一）建档的基础工作的社会化

建档的基础工作主要指各种原始档案信息资源的加工、整合和存储。由于档案馆的信息利用比较广泛，内容也相对较多，因此这方面的工作量也相对较大，面对比较丰富的馆藏资源要想进行信息化建设，仅仅靠档案管理人员去做是远远不够的，必须借助社会的力量来完成。

（二）系统开发的社会化

由于档案馆缺乏专业的软件开发人员，因此档案信息系统的开发必须依靠社会上专业的开发公司才能完成。在这个过程中，关键是要选择社会信誉高、技术力量雄厚的开发公司作为合作伙伴，现在比较可行的方法是通过招标的形式确定合作伙伴。

（三）系统管理的社会化

随着IT行业的不断发展，近年来软件公司也拓宽了服务业务，开始接受管理系统的委托服务。对于一些比较小的档案馆可以考虑采取委托管理的办法来进行信息系统的日常维护和管理。这种委托公司的做法好处是：可以节省人力，弥补单位人员不足的缺点，同时可以节省在系统维护方面的经费开支，系统出现什么问题都由托管方负责处理。从不利的方面考虑：主要是缺少了使用的自主权，在信息扩容、系统升级和更新方面不能及时进行，需要和委托方商量才能解决，在一定程度上制约了信息系统的拓展。如果寻找的软件公司人力不足、业务繁忙或技术力量不强，那么整个系统的升级运作将会受到阻碍。但委托服务作为一项社会化的内容有其存在的合理性，并且今后随着第三产业的不断发展和壮大，社会监管力度的不断加强，社会服务质量的不断提高，IT 行业服务领域的拓展和完善以及档案管理人员的进一步精减，系统管理的社会化服务必将得到进一步的发展，服务行业在运行的过程中出现的一些弊端会不断得到改进，相信服务行业必将为信息化的发展起到积极的推动作用。

七、数量和质量统一的原则

数量和质量相统一，是我们开展各项工作经常要遵循的一个重要原则。在档案馆信息化建设管理的过程中，同样必须遵循这一原则，而且更具有现实意义。档案馆信息化功能和作用的发挥，十分重要的一个因素是整个系统必须达到一定的信息量，也就是说信息化首先是以一定的信息量为基础的。只有把其中不同门类的信息积累在一起，能够满足用户不同利用的需要，才能真正显示出信息化的优越性。但是集聚的这些新信息必须是有一定质量的信息，这就决定了档案馆信息必须遵循质量和数量相统一的原则，这一原则不同于传统意义上的数量和质量统一的概念，而有其很强的针对性。主要体现在以下三个方面。

（一）基础信息数据数量和质量的统一

在档案馆信息化建设的过程中，如果整合和存储的基础性数据，如案卷级目录、文件级目录等没有达到相当的数量规模，所谓的信息化将大打折扣。如果有了数量庞大的基础性数据，这些数据的质量确有问题，将会直接影响信息检索的正确性，严重时将影响信息检索的顺利实现。就信息化功能的实现来说，基础数据的数量决定和限制了信息化的辐射面，而基础数据的质量将决定和限制利用者直接地利用效果，因此数量和质量的保证，是确保信息有效检出和利用相辅相成的两个方面，必须高度重视。为贯彻这一原则，在实现信息化的过程中，既要考虑使基础数据的整合和存储达到一定的存储规模，同时必须严把质量关，确保每一条基础数据都符合规定的质量标准，使整个信息系统的功能得到最充分的发挥。

（二）系统功能与系统稳定运行的统一

人们在实施信息化建设的过程中，通常希望所建立的系统具有多方面的功能，能够满足多方面的要求，这可以说是对系统功能作用发挥的数量要求。而从信息化能够收到实效的实际经验来看，整个系统的稳定运行，确保其设计的功能能够实现也很重要，这可以说是对系统平稳运行的质量要求。而在实际过程中，系统多项功能要求的实现，同时也给系统运行本身带来很重的负担，它对系统的稳定运行是一种负担，同时也是一种威胁。所以，新系统功能的强大和系统稳定运行通常是信息化过程中一对突出的矛盾。

一个功能强大而又运行稳定的系统是人们所期待的，但实现这个愿望通常充满风险和压力。也就是说，越是功能强大的系统，要保证其稳定运行，付出的代价将更大，负担将更重。为此，需要在实际建设中正确把握好系统本身建设的数量和质量要求，既不能好高骛远，不切实际地要求系统具有多方面的功能，也不能因陋就简，在低水平上重复，既要有创造性，敢于突破，又必须扎实稳妥，注重实效，以确保系统的多功能性和稳定运行达到完美统一。

（三）经费投入的数量与信息化建设的质量相统一

档案管理中的信息化建设管理是一项规模宏大的工程，尤其是一项需要投入巨额经费的建设，为此必须贯彻因地制宜原则，确保投入的经费能取得理想的效果，防止过分贪大求全，不计成本，忽视效果的做法。为此，在信息化过程中需要制定严密的制度，通过信息化的环节，对经费投入后建设的质量进行检测和评估，对于质量达不到要求的要采取措施加以整改，以确保工作质量。同时，按照经济管理学投入产出的原理，对于信息化所做出的巨额投入，应该要求有相应的产出。

当然，由于档案信息化作用的发挥在很大程度上具有公益性，不能简单以经济收益的多少来要求和衡量其产出的效能，而应该从社会效益和经济效益两方面来综合评估所产生的效能。比较而言，档案馆所固有的特点，决定了社会效益的产出将是对档案馆信息化评估的一个重要方面。此项内容的贯彻，对于避免考虑不全所造成的浪费，防止没有经过科学规划和严密论证而盲目建设和决策失误等带来的损失都具有十分重要的意义。

第二章　档案信息化数字资源建设

第一节　纸质档案的数字化

一、数字化概念

数字化是指运用计算机技术将现实世界中的各种模拟信息转变为以二进制代码表示的数字信息，供计算机处理和网络传输的过程。纸质档案的数字化是采用扫描仪等设备对纸质档案进行数字化加工，使其转化为存储在磁带、磁盘、光盘等载体上的数字图像，并按照纸质档案的内在联系，建立起目录数据与数字图像关联关系的处理过程。

纸质档案数字化的基本环节主要包括：档案出库与核对登记、数字化前的预处理、档案扫描、目录数据库建立图像处理、数据挂接与备份、数据成果验收与移交等。在实际中，目录数据库既可在扫描前进行，也可以在扫描后再行建立；数字化成果质量的检验，除最后验收外，在扫描与图形处理完成后也可进行。

在数字化过程中，应保存纸质档案数字化项目信息、技术环境、数字化各类技术参数等方面的元数据。加工涉密档案时，应按照涉密档案相关保密要求开展工作。

二、数字化流程

（一）档案出库与移交

一般来说，大批量纸质档案数字化，首先需将待数字化档案从档案库房搬移至临时周转库房，然后数字化加工人员从周转库房领取档案进行数字化。无论是前者还是后者，数字化加工人员都必须按照预定计划，提出申请，并得到批准。档案交接时，双方根据移交清单与档案号，逐卷（件）清点档案，确保档案清单内容与档案实际数量、编号一致，如发现问题，应在清点现场直接提出。交接双方签字确认后，将档案转移至指定的数字化场地。[①]

（二）数字化前的预处理工作

档案转移至数字化场地后，工作人员再次清点档案，清点无误后，开始数字化前的预处理。

1. 生成对应条形码

根据客户要求或档案本身的档号机构代码等信息在条形码生成软件中选择和输入相关的类型、年代、范围又或者归档编号等信息，生成对应条形码。

由于档案类型的不同，档案信息多样，导致条形码生成所需的信息也各不相同，所以条形码的生成软件也需要根据实际情况进行调整设计。条形码打印出来后，应与对应档案文件放在一起。

2. 拆除装订物并粘贴条形码

拆除装订物时，应注意保护档案不受损害。拆除装订物之后要将档案原件排好顺序，并用夹子夹起防止散乱。拆除装订物后，将条形码贴在对应档案的首页或封面上，以便在后续操作中通过识别条形码对扫描档案进行准确、高效对应。该条形码还可为后面档案借阅、利用、管理提供便利。

3. 排序整理并登记扫描页数

贴好条形码后，对每一卷（件）档案进行整理排序，按要求把同一案卷中的扫描件和非扫描件区分开，剔除无关和重复的文件，确定并登记扫描页数。

4. 登记和修复

对内容缺失、目录漏写、页码颠倒以及珍贵、破损的案卷进行登记和修整。页码颠倒、错乱或缺少的案卷（文件），应进行登记和用号码机重新排序编码。纸张的质量关系到扫描仪的选择和扫描效果，因此须对严重破损、褶皱不平、字迹模糊的档案做好登记，请专业技术人员进行修复处理。如对褶皱的档案，可进行熨烫，熨烫温度不能太高；对被污染的纸张，可在通风环境中用软毛刷轻轻刷去浮尘、泥垢或霉菌；对破损残缺的文件需进行修补。修复破损纸张一般是在原来纸张后面粘上一张白纸，选用质量好的胶水，粘贴纸张不能太厚，粘贴时注意不能损坏原件。对于年代久远、纸质条件较差、不便于拆卷的，可采用零边距扫描仪扫描。

①王静．档案信息化建设的必然趋势与实现路径［J］．办公室业务，2022(10)：117—118.

(三)档案扫描

档案扫描应根据纸质档案原件的实际情况、数字化目的、数字化规模、计算机网络和存储条件等选择相应的扫描设备,并做相关参数的设置和调整。

1.扫描设备选择

根据纸质档案幅面的大小(A4、A3、A0等)和纸张保存情况选择相应规格的扫描仪:①纸张小于等于A4幅面、平整度较高、纸张韧性好、无虫蛀霉变的档案,使用自动进纸的高速扫描仪扫描。②纸张容易产生褶皱、撕裂、破损或超厚、幅面大于A4的档案,使用手动送纸的平板扫描仪进行扫描。③纸张较薄、较软的档案,先在纸张下加一张白色打印纸做衬底,将扫描仪自动进纸器设置为厚纸模式并采用中、低速挡自动进纸扫描或使用快速平板扫描仪扫描。④纸张破损的档案应夹入透明塑料薄膜后,用快速平板扫描仪扫描。⑤纸张幅面较长但不超过A3的档案纸,可使用扫描仪长纸扫描功能。⑥纸张超过A3的可采用分区扫描后拼接的方式或使用宽幅扫描仪、工程扫描仪扫描(最大可到A0);若后期采用软件自动拼接的方式,重叠尺寸建议不小于单幅图像对应原件尺寸的1/3。⑦不宜拆卷的珍贵档案或装订成册的书刊、图书等,选用非接触式或专业无边距扫描仪扫描。⑧多种字体或颜色的纸张,需要采用多次扫描(扫描阈值不同)后局部粘贴或复印后扫描的处理方式以保持档案原版原貌和图像清晰。

2.参数设置

扫描参数的设置和调整应保证扫描后数字图像效果最接近档案原貌,清晰、完整、不失真。扫描色彩模式有两种:一是扫描形成黑白二值图像,适用于扫描字迹、线条质量清晰的文字或图纸档案;二是扫描形成连续色调静态图像,这种图像又分为灰度图像和彩色图像两种,灰度模式适用于扫描黑白照片、图像档案,彩色模式适合扫描页面中有红头、红印章的档案或彩色照片档案。需永久或长期保存,或向国家档案馆移交的档案,一般应采用彩色模式扫描。

3.扫描分辨率的设置

扫描分辨率参数大小的选择,原则上以扫描后的图像清晰、完整、不影响图像的利用效果为准。采用黑白二值、灰度、彩色几种模式对档案进行扫描时,其分辨率一般均建议选择大于或等于200dpi。特殊情况下,如文字偏小、密集、清晰度较差等，可适当提高分辨率。需要进行OCR（光学字符识别）汉字识别的档案，扫描分辨率建议选择300dpi，需要进行高精度仿真复制的档案，扫描分辨率建议不小于600dpi。目前，OCR技术已经相当成熟，一般扫描仪都自带OCR软件，使用也很方便。

4. 设置存储格式

扫描后，从扫描仪获得的静态图像文件，应以不压缩格式——TIFF格式保存一份以做永久保存，并另外转换成PDF或JPEG格式一份提供网络下载和在线浏览。同一批档案应采用相同的存储格式。

5. 文件命名

PDF文件以对应档案的归档编号命名。属于同一档案盒的档案数字文件（即扫描后的PDF文件），应放在同一文件夹中，该文件夹应以档案盒的编号命名。扫描时一般是按批次扫描。所以，同一批次的档案盒数字文件应放在一个文件夹中，后面图像处理及上传系统也应以档案盒为单位或扫描批次为单位进行。

6. 填写纸质档案扫描工作单

扫描完成后，应填写纸质档案扫描工作单，登记扫描页数，标明分幅扫描、裱糊档案等特殊扫描情况，并核对实际扫描页数与文件整理填写的页数是否一致。

（四）图像处理

1. 图像数据质量检查

即对图像偏斜度、清晰度、失真度等进行检查。对因重复扫描而产生的多余图像以及空白页、无效页面进行删除。发现不符合质量的图像，应重新对图像进行处理或扫描。由于操作不当，造成扫描的图像文件不完整或无法清晰识别时，应重新扫描；发现文件漏扫时，应及时补扫并按顺序插入图像文件中；发现扫描图像的排列顺序与档案原件不一致时，应及时调整。认真填写相关表单、记录质检结果和处理意见。

2. 方向调整

即对方向不正确的图像进行旋转还原，以符合数字图像的浏览习惯。

3. 纠偏

对出现偏斜的图像应进行纠偏处理以达到视觉上基本不感觉偏斜为准。

4.画质调整

对数字化设备执行色彩校正程序，以调整数字化设备色彩的正确性，提高数字化图像的质量。

5.去污

对扫描过程中产生的影响图像质量的杂质，如黑点、黑线、黑框、黑边等进行去污处理。处理过程中应遵循展现档案原貌的原则，不能破坏档案的原始信息，不得去除档案页面原有的纸张斑点、水渍、污点、装订孔等痕迹。

6.图像拼接

对大幅面档案进行分区扫描形成的多幅图像，应进行拼接处理，合并为一个完整的图像，以保证档案数字化图像的整体性。

7.裁边

采用彩色模式扫描的图像应进行裁边处理，去除多余的白边，以有效缩小图像文件的容量，节省存储空间。

8.图像修复

有破损、霉斑或遭受人为破坏的档案原件，如果扫描图像影响利用效果，应对图像进行修复。修复以图像不失真、内容清晰完整为原则。

（五）档案目录数据库的建立

档案目录数据库既可在档案出库后就建立，也可在档案扫描后再行建立。当然现在目录数据库的建立一般是利用专门编写的处理软件，在进行图像处理时，直接建立相应的目录数据库，档案目录数据库的建立应充分利用原有纸质档案的编目基础，原纸质档案目录如有错误或存在不规范的案卷题名、文件名、责任者、起止页号和页数等，应进行修改。如纸质档案未建立机读目录数据库，则应当按照档案著录规则重新录入。

目录数据库的建立，如果并非不同图像一起进行处理，而是各类图像单独进行，则应选择通用的数据格式，所选定的数据格式应能直接或间接通过XML文档进行数据交换。该数据库建立可以通过专用的档案管理系统，先在Excel专门设计的档案目录表格中录入，然后将数据导入档案管理系统。

（六）数据挂接

档案目录数据库与扫描图像文件，经质检环节确认合格后，通过网络及时加载和导入到相应的档案管理系统中。目录数据库与图像文件应避免采用既慢又容易出错的人工挂接，尽量采用计算机批量自动挂接。只要扫描后的数字化文件及其文件夹是按纸质档案的归档编号和档案盒编号命名的，就可以通过编制挂接程序或相应软件，实现目录数据对相关联的数字图像的自动搜索、加入对应电子地址信息等，实现批量、快速挂接。挂接完成后，填写纸质档案数字化转换过程交接登记表，记录数据挂接后的页数，核对每一份文件挂接后的页数与档案整理、扫描时填写的页数是否一致，不一致时应注明具体原因和处理办法，并打印出相应的档案目录、案卷目录与卷内目录，对应放置。

（七）数据验收

数据的验收，应采用计算机自动检验与人工检验相结合的方式对纸质档案数字化成果进行验收检验，包括数字图像、档案目录数据、元数据、数字化过程中产生的工作文件、存储载体等。以抽检的方式检查已完成数字化转换的所有数据，包括目录数据库、图像文件及数据挂接的总体质量。目录数据库与图像文件挂接错误，或目录数据库、图像文件之一出现不完整、不清晰、有错误等质量问题时，抽检标记为“不合格”。一个全宗的档案，数字化转换质量抽检的合格率达到95%以上（含95%）时，予以验收“通过”。合格率=抽检合格的文件数/抽检文件总数×100%。验收“通过”的结论，必须经审核、签署后方有效。验收后，还需认真填写纸质档案数字化验收登记表和纸质档案数字化成果移交清单。

（八）数据备份

经验收合格的完整数据应及时进行备份。为保证数据安全，备份载体的选择应多样化，可采用在线、离线相结合的方式实现多套备份，并注意异地保存。备份数据也应进行检验，备份数据的检验内容主要包括备份数据能否打开、数据信息是否完整、文件数量是否准确等。数据备份后应在相应的备份介质上做好标签，登记备份数据，以便查找和管理。

（九）档案的归还与入库

纸质档案数字化工作完成后，应清点每件档案，确保没有掉页、缺失、乱序等问题。然后将拆除过装订物的档案原样装订，按原来装订位置打孔、装订，不得使用金属装订物。还原过程中要注意保持档案原貌，做到安全、准确、无遗漏，并填写装订还原工作单。所有完成数字化、装订还原以及贴好条形码的档案统一清点并送往档案库房登记签收。在库房，与库房工作人员进行交接时，由工作人员现场确认档案情况，如有问题，需当场提出。没有问题，由工作人员根据系统预先指定的密集柜位置将档案对号入座、存储保管，并登记签收档案移交表。

第二节　纸质档案数字化扫描设备

纸质档案是指以纸张为载体的档案，占据了我国馆（室）藏档案的绝大多数。因此，对其进行数字化加工是档案数字化的主要任务。纸质档案数字化设备一般为平板扫描仪、高速扫描仪、大幅面扫描仪与数码翻拍仪（书刊扫描仪）。

一、平板扫描仪

平板扫描仪主要用于破旧、易损坏的A3幅面纸质档案的数字化作业。平板扫描仪分辨率在100—2400dpi之间，色彩位数从24位到48位，扫描幅面一般为A4或A3纸张，其优点是扫描图像清晰、色彩逼真、不易损坏纸张，缺点是扫描速度比较慢、图像处理功能比较弱。使用扫描仪需要电脑配合，所以首次使用需要安装与扫描仪配套的驱动程序。

二、高速扫描仪

高速扫描仪主要用于政府、银行、企业相关票据和文档的数字化作业，是档案数字化中使用最多的扫描仪，其扫描分辨率在50—600dpi之间。在200dpi以下、黑白或灰度扫描时，每分钟可扫描90多幅影像；彩色扫描时，每分钟可扫描60多幅影像。扫描幅面从小卡片至A3纸张均适用，既可单面扫描，也可双面同时扫描。它的优点是扫描速度快、图像处理功能强；缺点是扫描时容易卡纸，易损坏档案，对字迹质量较差的档案不易扫清楚，扫描后的图像处理工作量比较大。

三、大幅面扫描仪

大幅面扫描仪是一种大型的扫描仪，又被称为工程扫描仪，主要应用于城建档案馆、设计院、工程项目等大幅面图纸的数字化作业，最大进纸宽度可达到54英寸，最大扫描宽度达到51英寸，扫描厚度达1.5毫米，幅面范围为A0—B0。这种扫描仪分辨率在50—800dpi之间，有黑白、灰度、彩色等扫描模式。自带扫描和图像处理系统，具有全面支持色彩管理、快速预览、处理大型文件、改进批量扫描等功能，能有效提升扫描的效率和品质。它的优点是能扫描A0、B0及以下的工程图纸和大幅的地图、字画，超长、超厚的文书档案等，缺点是扫描速度比较慢，价格比较昂贵。[①]

四、数码翻拍仪

数码翻拍仪又称为书刊扫描仪、非接触扫描仪，主要用于不可拆卸、线性封装、胶装书籍的扫描作业。数码翻拍仪是一种将数码相机安置在可垂直调节高低的支架上，用以拍摄文件材料或其他实物的数字化设备。

数码翻拍仪与一般的扫描仪相比，具有数字化速度快、对档案材料损害小，加工对象直观，加工对象不限于纸张，便于调节扫描幅面等优势，且后期图像处理便捷。目前，该技术已经广泛用于政务领域红头文件、往来信函等文件翻拍；银行票证、合同、抵押担保、会计凭证和信用卡等文件翻拍；证券期货行业股东账户开户、买卖合同、股东身份等文件翻拍；保险行业合同、发票、身份证等文件翻拍；工商税务行业税务年检等业务文件翻拍。在档案领域，数码翻拍仪也逐渐应用于书刊的扫描。

第三节　管理信息系统的应用

一、档案管理信息系统的概念

档案管理信息系统是指各机关、团体、企事业单位和各级各类档案馆用于对档案信息和档案实体进行辅助管理的各类计算机应用软件系统。

档案管理信息系统的应用价值来自应用系统的各项功能，其功能是指计算机应用软件系统辅助档案工作的某种能力，其实质是档案工作职能在计算机平台上的延伸。档案管理信息系统一般分为两大类：一类是档案宏观管理信息系统，用于辅助档案工作者对整个档案工作的管理，又称档案行

①信息化档案管理应用研究[M]. 延吉：延边大学出版社，2019.

政管理系统，这类系统的建设主体主要是各级档案行政管理部门。另一类是档案微观管理信息系统，又称为档案管理业务系统，用于辅助具体的档案管理业务工作，包括档案的收集、整理、鉴定、保管、统计和利用等，这类系统的建设主体主要是各级各类的档案业务科室。

档案管理业务系统对于以纸质档案为代表的实体档案而言是一个辅助管理的角色，通过档案管理系统对实体档案进行收集、整理、库房保管、借阅、归还等各个环节进行信息记录，便于各个环节的系统化管理。故对实体档案管理而言，档案管理系统管理的是档案业务工作的流程信息，而不是实体档案本身。但对电子档案而言，档案管理系统不仅是对业务流程信息的管理，更包括对电子档案本身的管理。①

二、档案管理系统的基本功能

档案管理系统作为档案业务工作的应用软件，一般都具有档案分类、档案导入、档案编目、检索查询、档案存储借阅等功能，基本涵盖档案工作的各个环节，但不同的系统开发者、档案工作主体、档案类型，促使各个企事业单位的档案管理系统在页面风格、模块设计、操作习惯上各有不相同。

（一）系统设置模块

系统设置是在使用系统之前，对系统进行初始化的配置操作，主要包括公司信息、部门信息员工信息、角色信息、系统日志等功能。

（二）基础信息模块

基础信息模块是用来设置档案业务工作的一些基本信息的，有档案分类、档案库房、库位设置和通用字典。

（三）档案收集模块

档案收集模块主要是档案的日常整理（不涉及入库和出库操作），主要有档案导入、文件导入、档案新增、档案编辑、档案发布、销毁建册、销毁清册、清册作废、编辑日志等。

（四）档案存储模块

档案存储模块主要是档案的入库、库房以及利用等情况，分为库存查询、档案入库、库房利用率和档案利用率等。

---

①袁玉平．浅析档案的信息数字化建设[J]．信息技术与信息化，2019(01)：125—126.

(五)档案借阅模块

档案借阅主要是档案的检索、收藏、借阅、审批、归还等操作,具体分为全文检索、我的收藏、我的借阅、电子借阅领导审批、电子借阅管理员审批、正在借阅和借阅到期等。

(六)其他功能

除上述介绍的五大模块外,档案管理系统还有检索、数据导出档案车、消息中心等功能。

三、档案管理系统的业务工作流程

(一)基本设置

基本设置是对档案管理的基本参数进行设置,明确档案管理系统的使用单位、各人员权限、档案类型、库房位置、保管期限等情况,是档案管理系统开展日常业务工作的前提。基本设置一般由单位主管、档案工作负责人及相关领导共同确定(普通工作人员不涉及),在单位引进档案管理系统时进行,具体通过系统的系统设置和基础信息两大模块实现。

(二)档案导入

档案业务工作的第一步就是档案的收集与整理,反映在档案管理系统中就是档案导入工作。档案导入工作,对于纸质档案而言,是指档案卷宗信息的导入,通过档案收集模块的档案导入即可实现。如果纸质档案经过数字化,有具体的档案内容文件,则同电子档案的导入工作相同。

电子档案的导入,首先仍然是档案卷宗信息的导入。通过档案收集模块的档案导入界面下载模板,根据模板录入档案的卷宗信息(包括卷内目录)。然后导入系统中,形成相应的档案信息。其次是档案全文的导入。通过档案收集中的文件导入,将档案的全文文件导入系统,并与相应的档案卷宗对应。在档案导入和文件导入后,如果发现有漏上传的文件或者缺失信息的档案,可通过“档案收集模块”中的档案新增和档案编辑进行补充处理。

(三)档案公布

档案公布是指档案保管期限到期后,经过档案负责人鉴定,对可以公开的档案进行公开。档案公布,通过“档案收集模块”中的档案发布功能来实现公布。

（四）档案入库

档案入库是指将已经导入系统的档案存放进库房，这主要针对的是有纸质载体的档案。因为现在很多地方实行的是纸质与电子的双套制，即既有电子档案，又有对应的纸质载体，所以除了纯纸质档案外，许多电子档案也有对应的纸质部分。档案入库针对的就是纯纸质档案和电子档案的纸质部分。

（五）档案借阅

在档案公布后，单位如有查看档案的需要，可通过档案借阅对已公布的档案进行借阅。档案借阅既可借阅纸质档案，又可借阅电子档案。档案借阅的实现，主要通过系统的“档案借阅”模块，在档案借阅的全文检索中查询到需借阅的档案后，直接点击借阅申请进行借阅，也可添加进档案车后再行借阅申请。

（六）档案销毁

档案销毁是指保管期限到期后，经过档案负责人鉴定，对需要销毁的档案进行销毁。档案销毁，首先是确定需要销毁的档案，然后进行销毁。在档案管理系统内对档案进行销毁的同时，也要将相应的纸质部分进行处理，可派专人登记销毁。

（七）档案利用

档案利用是指对档案的利用情况的查看，通过系统的“档案存储模块”中的“库房利用率和档案利用率”，即可查看单位对档案的利用情况。

第四节　新型档案管理设备

经过21世纪头20年的发展，特别是互联网技术和人工智能技术的进步，涌现出一批新型档案管理设备，这些新设备具有两大特征：智能化和一体化。新设备虽尚未普及，却代表着档案管理设备的未来发展趋势。

一、智能化设备

（一）智能档案盒打印终端

智能档案盒打印终端是一款针对档案盒打印专门研发的设备，其具备自动化程度高、操作简单、打印速度快、打印效果好、模板创建方便、数据导入便捷等优点，可满足档案服务公司大批量打印、企事业单位差异化打印的需求。该设备采用喷墨打印技术，可达到A4幅面档案盒动态数据打印、动态数据及静态内容同步打印的目的。

智能档案盒打印终端适用多种档案盒打印，如文书档案盒、科技档案盒、通用档案盒、会计凭证盒、档案盒封面脊背。

（二）自动打孔机

自动打孔机由加工工作台、控制电脑、旋转电机、振动电机、加工工具头、气动装置、自动转盘、固定夹具等组成，是用于档案装订打孔的自动化设备。自动打孔机是适应制造业应用自动化设备替代人工的趋势而发展起来的，用来解决传统打孔、钻孔、扩孔、铣孔等加工环节中的手工打孔问题。随着自动化技术和网络技术的发展应用，自动打孔机逐渐向无人值守和远程控制发展。

（三）档案库管机器人

档案库管机器人是用于档案库房管理的智能设备，实现档案管理的人机隔离作业和智能化、数字化管理。库管机器人可通过机械臂移动抓取和放置档案，配合自主导航盘，实现库房档案管理的全程无人化。①

（四）智能保密资料柜

智能保密资料柜是用来保存资料的智能设备。资料文件是各政府机关、企事业团体等各种机构重要的智力资产，资料文件的实体管理是必须的、重要的行政办公手段。智能保密资料柜和其配套的资料文件智能管理系统通过一体化智能管理、分级部署、权限控制、资料定位生物识别、互联网访问、流程管控视频监控、异常报警、审批流程管理等功能，可有效地解决各种机构人员沟通困难、实体文件查找不易、纸质文档存储混乱、文件审批周期长等问题，能帮助各机关单位有效地实现资源整合利用，减少实体文件信

①韩静．高校设备档案管理体系构建研究[J]．兰台内外，2022(30)：65—80.

息安全隐患，促进团体协作，提高工作效率，从而实现机构的高效运转和利润最大化。智能保密资料柜管理系统结合人工智能技术，通过多种技术手段，将使用人员、资料文件与智能保险柜管控流程融为一体，不但实现了“人防、物防、技防”三防一体的安全防护体系，而且极大地提高各类资料文件的实体管理：实时可知，实时可查，迅速存取，准确定位。

二、一体化设备

一体化设备是指集多个功能为一体，能满足多种工作需要的档案设备。现代社会的技术发展，使得技术与功能越来越集成化，往往一个设备就具有多种功能，就如我们现在使用的智能手机，除通电话、收发短信外，还具有上网、办公、游戏影视、音乐等功能。当然，一体化有时候会与智能化交织在一起，因为两者是相互促进补充的，一体化需要智能化来协调统筹，而智能化的实现又往往表现为一体化。档案管理新型设备中的不少都具有一体化的特征。

（一）讯飞档案机

讯飞档案机是一款应用人工智能为档案工作赋能的一体化终端，本地化存储，安全可靠，携带方便，可为口述征集、重大活动等场景提供全貌建档、语音转写、字幕辅助等服务，同时可为馆藏音频、视频档案提供数据化服务。

（二）档案一体式喷雾脱酸机

档案一体式喷雾脱酸机是图书馆、档案馆、博物馆等馆藏单位对已酸化的纸质文献进行脱酸从而延长该类物品保存时间的专用设备。电脑微控使得脱酸工作变得更简便智能，减少了脱酸人员对脱酸设备的频繁操作，同时还降低了设备的噪声，给脱酸工作人员提供了更安静、更舒适的使用环境。档案一体式喷雾脱酸机适用于所有的纸质文献，包括装订的和散页的、打印品和手稿，如图书、古籍、档案、字画、报纸、书信、邮票、地图、图纸等。对修复后的纸质文献、敏感的银盐照片等也可以安全地进行脱酸保护。

（三）缩微数字一体化工作站

缩微数字一体化工作站是国家档案局档案科学技术研究所与湖南琴海数码股份有限公司合作研发的，是档案缩微数字一体化技术的重要代表，也是对过去数转胶或胶转数技术的革新。档案缩微数字一体化技术是一项对我国档案安全、档案利用都能产生很大促进作用的新技术，是一项在国际上技术比较先进、应用比较广泛、投入比较经济、效果比较理想的新技术，这种技术主要通过MD2012这种全新的缩微数字化设备（纸质档案缩微数字一体化工作站）实现，是一种将缩微影像技术与数字影像技术合二为一，一次完成两份影像（即缩微影像和数字影像）的创新型技术设备。两份影像完全相同，相互印证。缩微影像可作为具有法律效力的凭证永久保存，其寿命长达500年以上；数字影像则可上网传输阅读，这样既解决了档案的异地、异质备份等保存问题，又解决了其信息的广泛应用和服务问题。

第三章　档案信息化数据库建设

第一节　档案信息化数据库构建的理论依据

一、数据库的信息管理理论

所谓信息管理是为实现组织的目标，满足组织的需求，解决组织的环境问题。而对信息资源进行开发、规划、控制、集成、利用的一种管理，在这个基本点上学术界已达成了共识。

档案管理的对象主要是原始的数据、信息和知识的记录，所以档案是显性知识的主要载体，可以为实施知识管理提供丰富的信息资源基础。从这个角度来看，档案管理的基本职能就是信息管理。显性知识的管理是档案管理的基础性工作，直接影响着知识库的建立及知识的共享、交流和创新，其重要性不容忽视。

因此，档案管理的第一步必须做好信息管理工作，把原来存在的那些数据整合起来，以达到能够适时、不受地域和组织形式限制获得知识的目标。从目标和功能来看，信息管理的基本目标是用一定的技术手段和编码形式客观地记录与描述人们对客观事物的认识，实现信息的合理配置，以便在需要时发挥作用，满足人类对信息的需求，侧重于对现有信息的收集、整理，把数据信息化，即先有数据，后有信息。

二、数据库的知识管理理论

（一）知识管理与信息管理

如果说信息管理使数据转化为信息，并使信息为组织设定的目标服务，那么知识管理则使信息转化为知识，并用知识来提高特定组织的应变能力和创新能力。知识管理是信息管理发展的新阶段，它同信息管理以往各阶段不一样，要求把信息与信息、信息与活动、信息与人整合起来，在人际交流的互动过程中，通过信息与知识的共享，运用群体的智慧进行创新，以赢得竞争优势。信息管理目前主要是信息流的控制，知识管理则是知识应用的管理。对于信息管理而言似乎技术能解决所有问题，而知识管理更考虑了人力资源和过程的主动性。从管理对象来看，知识管理远远大于信息管理。知识管理的对象不只是显性知识，还包括对隐性知识的管理以及对人力资源的管理等，更注重对隐性知识和人员的管理。①

从目标与功能来看，知识管理的最终目标是知识创新，不是吸收和占有多少知识，是促进组织机构运用已有知识进行创新并创造新知识，解决经营决策问题，更侧重于对新知识的生产、创造，具有较强的方向性和效用性，是把信息转化为知识创新，也是所有知识管理者追求的直接目标，管理创新是实现知识的转换和社会财富转化的过程。从实施过程和条件来看，知识管理要复杂得多，涉及价值观问题等，因而不仅需要以管理理论、信息技术为支撑，还需要价值理论、产权理论、交流理论、学习理论等来共同构建。从业务上看，知识管理业务涉及发现知识、交流知识与信息、应用知识与创新，其中包括信息管理编程、激励过程、权利维护过程等。可见，知识管理不是信息管理的简单延伸和发展，而是对信息管理的一种变革和超越。

（二）知识管理与档案管理

知识管理的重点是对组织中的战略性资源——知识的管理，而一个共同、永久保存组织自身知识的形式便是文档。用IBMLotus公司的企业知识管理软件产品白皮书中的话来说，就是“文档是知识的容器，是已经物化的显性知识，其中蕴含了大量本企业的知识财产。适时地、不受地域和组织形式的限制获得基于文档内容的知识，正是知识管理的一个主要目标”。因此，一方面文档管理构成知识管理的一个模块；另一方面文档管理技术是处理显性知识的关键技术，是知识管理的重要基础。在知识收集过程中，文档管理是基础。这里所说的文档包括国际标准准则、法律法规、合作协议、历史归档文件、通报、应急预案等多种类型。知识管理与档案管理都是对人类认识过程中所产生的各类知识信息的创造、获取、加工、存储、传递和利用的过程。这就是对信息资源的深层次加工过程，都要了解信息资源管理的主要内容，不仅要从外在的物质形态特征加以掌握和了解，更要从内在的内容特征加以掌握和了解。

①张书杰．新时期城建档案信息化初探［J］．办公室业务，2018（11）：39.

三、数据库的共享协同理论

(一)信息是基础

对于信息共享、业务协同来说,全面的、系统的、高质量的、可共享的信息是基础。信息无处不在。为什么说信息是基础,信息共享就是要解决信息是什么、从哪里来、到哪里去。没有这个基础是什么都办不了的。首先是全面。信息往往涉及多个部门、多个层级,因此管理者要通过重点应用带动,加强基础信息工作,进而提高信息的完整性。信息全面还不够,还要是高质量的,要保证信息是动态更新、准确的。如果不是及时更新的、不准确的,就无法使用。

(二)平台是依托

在数字化、网络化环境下,信息共享、业务协同必须要有技术平台。这个平台不仅仅是网络,而且在网络上,相关部门不管是横向的还是纵向的,都能按照业务需求,像在同一个部门一样,获取相关信息来办理相关的业务。因此,目录体系和交换体系具有双重性质:一是内容性质,它反映了档案信息和共享信息的本身;二是技术性质,要通过软件来实现。实现的软件也变成了技术平台,这就是依托。

(三)应用是抓手

工作的重点一定是具体应用。经济效益、社会效益和生态效益都是优先考虑因素,档案管理与信息统计工作也是如此。因此,这是管理者推动档案信息共享和业务协同的重点工作。

(四)制度是保障

因为档案信息的特点,特别是数字化后的档案信息,具有看不到、摸不着的特性。在处理业务协同问题时,管理者面对的情况很多是以前没有遇到的。制度保障的重要性在此时是很难持续发展的。从应用到维护和管理都需要制度保障,同时各个部门需要制定制度协同推进。

第二节　档案信息数据库的总体架构和主要功能

一、档案信息数据库性能指标分析

用户的需求不仅是数据库架构设计的基础,也是制定数据库性能指标的依据。性能指标体现了档案信息数据库设计的总体原则,也是确保用户需求和数据库功能无缝对接的前提条件。档案信息数据库由多主体协同参与建设和管理,目的是通过对异构信息和系统的动态集成,面向用户提供交互式信息共享,以及一站式检索、获取服务。如表3-1所示。

表3-1　数据库性能指标分析

性能指标	要求描述
可靠性	能有效检查输入的数据,可以屏蔽用户操作错误;具有容错性,可以追溯故障,恢复失效;严格控制操作权限,无权限者难以侵入;系统稳定,系统运行记录与审计功能完备;具备数据异地备份及恢复能力
易用性	各种提示信息准确,术语规范;易理解性、易安装性和易学习性,用户界面友好、界面风格保持一致、软件操作方便
集成性	分布式异构数据标准化集成,功能模块间的数据共享和数据一致性,异构系统、软件之间的兼容,门户服务界面的集成
可维护性	系统、软件具有自我诊断与查错能力,方便管理员对错误进行修改;方便系统、软件升级维护
开放性	开放式体系结构、标准化接口、模块化设计;提供二次开发接口,可进行系统功能的扩充
服务性	多检索途径实现远程跨库检索服务,远程信息服务与业务协同交互
协同性	资源建设与系统管理多主体即时同步进行
共享性	异地资源被多用户同时存取

二、档案信息数据库架构设计

(一)用户需求分析

需求分析是整个档案信息数据库建设的基础,这一阶段的主要任务是通过了解和明确用户的需求,包括用户需要数据库中存储哪些信息和需要数据库提供哪些功能等。

档案信息数据库的使用者主要有三种类型：档案管理人员、查档用户和系统管理员。其中系统管理员主要负责的是档案信息数据库的维护，该需求及其对应的数据库功能设计与一般数据库类似，这里不再赘述。档案管理人员主要负责的是档案资源的管理，包括整理、标引、录入、存储、修改、调档提供利用服务等工作职责。在档案馆建立的馆藏数据库中，这些都是基本的功能设计。①

（二）基于协同的整体架构设计

从用户需求来看，档案信息数据库需要具有一系列功能模块，才能准确实现用户需求的满足。根据用户类型及其需求特点的不同，档案信息数据库功能模块设计分为三类：一是满足系统维护人员的需求，如系统、软件、数据的正确性维护、差错性修改及兼容性扩展等功能；二是满足档案管理人员的资源建设需求，如档案资源的采集、标引、存储等功能；三是满足查档用户档案信息检索、获取及咨询、反馈等交互门户服务功能。

此外，由于档案信息数据库涉及数据和系统的异构分布集成，需要多主体共同参与管理、维护，因此需要具有让多主体实时分布协同互操作的功能。可见，档案信息数据库在宏观上主要需要实现档案信息的采集、标引、协同管理、提供档案服务和实现用户反馈这五个功能。

三、档案信息数据库的功能模块分析及具体设计

（一）档案信息采集

信息资源的采集是档案信息数据库建设的基础，也是数据库能够提供档案服务的核心所在。信息资源采集模块的主要作用就是将所有与本专题相关的信息资源收集、整合，作为数据库的内容基础为后续工作服务。档案信息数据库的信息来源一般有四个，分别是既有档案数据库、纸质档案数字化、Web收集和信息征集。

既有档案数据库是档案信息数据库最重要的数据来源，它包含了大量结构化的数字档案资源和各种专题性内容，对于这部分信息的收集主要是通过技术手段将其一次性或分期导入档案信息数据库中，如此能节省不少录入的人力、物力消耗。

纸质档案数字化主要针对的是没有录入原有档案数据库中的档案信

①张彪．档案信息管理系统的设计与实现[D]．天津：河北工业大学，2017.

息。这又分为两种情况:一是新增加的档案,暂时还没来得及录入;二是该档案的保存单位没有进行档案的数字化管理,所有的档案都是以纸质形式保存的。无论是哪种情况,这种类型的信息首先要经过数字化处理,处理方式可以是人工录入,也可以是通过扫描或拍照将正本档案数字化。不同的是,人工录入时,录入格式可以直接根据数据库的标准进行,扫描和拍照得到的图片信息需要进行进一步的标引。

Web收集则是对网络中新更新的信息进行收集的活动,包括互联网的原档案数据库更新的内容,以及与某些专题相关的电子文件、新闻动态、专家观点,乃至用户言论等方面的内容。信息来源的网站可以是其他各种数据库、专业的新闻网站、各大门户网站、社交网站、社会化问答网站等。这种类型的信息可以通过"网络爬虫"进行自动采集,采集到的信息再通过自动和半自动的方式进行标引,最终存入专题型资源档案库。

信息征集是信息采集过程中常用的方法之一,主要针对的是信息资源比较缺乏或信息资源内容需要补充时使用。信息征集法根据其征集的内容可以分为图书资料征集、档案征集和意见征集,根据征集资源形态可以分为纸本档案征集和数字档案征集。纸本或数字形态的图书资料征集和档案征集都属于信息资源补充征集,包括登门征集、信函征集、发文征集、电话征集、广告征集和网络征集六种形式。在进行信息征集时,又可以根据需要选择是否给予信息提供者一定的报酬。

(二)信息标引模块

信息标引就是对信息的描述,即完成对数据的元数据著录,目的是实现信息资源的组织和检索。专题性档案资源是由多个信源相关信息的集成,资源内容建设既来源于图书馆、档案馆、博物馆等领域机构,也来源于万维网的数字信息。这些不同领域机构形成的不同类型和格式的信息资源,其原有的著录标准和工具是不一样的,对资源之间关联的揭示程度也各不相同。如此,难以实现信息和服务的标准集成。毕竟图书情报领域的著录标准和规范不能完全适用于档案领域。

档案信息数据库的信息标引主要可以通过三种方式进行:程序辅助转化、人工著录、自动和半自动标引,对于不同的信息源类型,可以采用不同的标引方式。

数字档案信息是已经进行了标准化的信息,可以通过程序批量转化为档案信息数据库所需要的EAD(电子文件授权)著录格式,而新增的纸本档案由于尚未通过数字化转化,需要人工进行著录。部分Web信息由于其重要性和官方性,如政府机构或企业官网发布的重要通知,也需要人工进行标引或人工对自动标引的结果进行审核,以保证著录结果的正确性。对于大部分的Web信息来说,自动标引是主要标引方式,一方面,现在的Web信息大都是通过网页展示的,HTML(超文本标记语言)和XML(可扩展标记语言)本身就有着标准的格式,因此实现Web信息的自动标引是很容易的。另一方面,Web信息是档案信息数据库所有信息来源中更新最频繁的,通过自动标引可以节约大量的人力资源,提高标引效率,从而提高数据库的运行效率,实现档案信息数据库建设的价值。

(三)信息存储模块

将标引完成的档案信息资源存入数据库是数据库运行和提供服务的基础。目前,有很多与信息存储相关的技术,如网络存储、分布式存储、云存储等。分布式存储和云存储虽然能更好地利用空间资源,但与档案资源的保管要求不符,尤其是安全性一直受到质疑的云存储。信息存储模块的设计,不仅要考虑到档案信息数据库功能的实现和性能的优化,也应考虑到档案信息数据库设计的安全性和保密性原则。因此,选择档案信息数据库的信息存储方式应该根据具体的用户需求和数据库运行环境而定,而不是追求最新、最好的技术。网络存储技术,包括网络附加存储(NAS)和存储区域网络(SAN),在档案信息数据库中都有着很好的应用前景。

(四)信息服务模块

1.一站式检索服务

档案信息数据库的信息服务最主要是为用户提供一站式检索,根据用户的检索条件限制返回符合条件的检索记录,并提供该记录的相关信息、全文地址或下载链接。在信息采集模块中有四种信息来源,不同类型的信息来源之间,同种类型的不同来源主体,都会造成专题档案信息的异构性,消除这种异构性,提供统一的接口是档案信息数据库提供一站式检索服务首先要解决的问题。

中间件的概念是人们为了解决分布异构问题而提出的,是解决信息异构、实现信息资源整合,实现门户平台服务集成的技术基础。中间件是独立于硬件系统或数据库企业的一类软件或服务,处于应用软件和系统软件之间，它对于分布式应用起到了一个标准的平台作用，可以集成应用系统，而这些应用软件的开发和运行则不必依赖于具体的计算机硬件和操作系统平台。门户服务平台是信息服务的集成，能为用户提供统一标准的信息资源和服务。因此，在门户服务平台接口所对接的是统一标准格式的信息资源和应用系统。

2.具体功能介绍

档案信息检索是数据库向用户提供服务、实现自身价值的途径，从检索特点上又分为基本检索和高级检索；用户交互功能主要是解决用户不能通过数据库解决的问题和在数据库使用过程中产生的问题，主要采取的方式是咨询、常见问题（FAQ）和用户反馈。

（1）基本检索功能

本功能涵盖分类浏览和简单检索两种功能，无论是浏览还是检索，都应该提供多种检索字段，如关键词、资源类型、时间、来源、馆藏地、馆藏编号等。这些字段不仅在检索中使用，在检索结果的提炼和筛选中也同样发挥着重要作用。

（2）高级检索功能

高级检索功能主要是面向专业研究人员而设计的。该功能可分为两个部分：一是设计高级检索语言的检索入口，更好地保证专业人员对信息的查全率和查准率，提高其工作效率；二是定题跟踪功能的实现，即将符合用户指定的主题或检索式的新更新的信息推送给用户的一种服务模式。在用户实施检索后，档案信息数据库将符合用户检索条件的记录，都以检索结果页面的形式反馈给用户。检索结果页面不仅提供满足条件的记录及记录的各项信息，如时间、来源、馆藏地等，还可以根据各字段对检索结果进行提炼，并且将全文地址或下载链接提供给用户。

（3）咨询服务

档案信息数据库的咨询服务主要是指导和帮助用户完成检索任务。咨询服务的实现途径，可以是向用户提供咨询电话、在相应的档案馆或博物馆设立人工咨询的服务台，也可以是在系统中增加在线咨询服务。在线服务能够较好地提供不受时空限制的交互功能，用户可以通过数据库提供的嵌入式聊天功能直接向工作人员提问，进行交流，最终解决问题。

(4)常见问题(FAQ)

常见问题是各个网站和系统中常用的疑问解答方式。档案信息数据库协同管理组可以将用户经常询问的问题整理出来提供解决方案,制成图文并茂的指南,并辅以文档检索功能,以帮助用户自主解决数据库使用过程中遇到的问题。同时,数据库门户协同管理组还应根据用户的咨询内容不断地补充与更新常见问题库,保证其有效性。

(5)用户信息反馈

用户信息的反馈是数据库不断优化的重要依据,主要包括对档案信息数据库本身的意见和对数据库内容的意见两方面的内容。通过用户信息的反馈,档案信息数据库才能在内容资源和数据库本身的设计使用上不断地完善。同时,反馈功能还可以作为向广大用户征集信息的途径,充实和拓展数据库的内容。

(五)资源维护模块

资源维护模块在数据库正式投入使用后才开始发挥作用,是一个长期的工作任务,包括对数据库设计进行评价、调整、修改等方面。维护模块的重要性和必要性主要是由两方面因素决定的:一是数据库的应用环境在不断变化,如用户需求和物理环境发生改变;二是数据库在运行过程中,其物理存储会不断地变化,会需要通过重新安排存储位置、回收垃圾等手段对数据库进行优化,提高系统性能。类比于数据库的维护,涉及的主体应该是数据库管理员,其职责主要是对档案信息数据库进行经常性的维护工作,包括数据库数据的转储和恢复,数据库的安全性和完整性控制,数据库的监督、分析和改进,以及数据库的重组织和重构造等。

(六)协同管理模块

协同的对象一般是两个或者多个资源或主体,资源或者主体共同完成某一目标的过程或能力称为协同。在档案信息数据库中,所谓协同管理就是指该专题档案所涉及的各种主体对档案信息数据库的共同管理,包括采集、标引、存储和维护,都要实现异地协同互操作性,而这样必须要从技术和管理两方面着手。

从技术角度上说,目前已经形成很多成熟的协同软件,协同软件是现代信息技术发展到一定阶段的产物,通过现代网络技术和通信技术,提高组织和机构人员进行跨地区的沟通与管理能力。协同软件围绕“人、信息、流程、应用”这几个要素，主要包括人员协同、知识协同、应用软件协同和工作流程协同四个部分，从而建立一个综合的沟通平台、团队协作的环境，以及应用整合和支持平台。协同技术有着完善的框架，通过这些技术作为支撑，使得档案信息数据库所涉及的各个主体能够实时地、并发地、跨区域地、协调地对数据库的资源和系统进行操作，最终实现档案信息数据库的协同管理。

从管理角度上说，档案信息数据库与数据库、信息系统一样，都有着“三分靠技术，七分靠管理”的特点。各个档案馆、图书馆、博物馆等可以通过设置专门的部门或者增加一部分工作人员的职责的方式参与到档案信息数据库的管理中。各部门的协同管理不是在数据库运行之后才开始，而应该随着数据库的构想和设计产生。质量控制是各部门在档案信息数据库建设和使用中的主要职责之一，主要分为前期、中期和后期三个阶段的质量控制：前期质量控制主要是专题选择和整体方案设计；中期质量控制主要是对档案信息数据库建设具体实施的方案的控制，包括内容编排、著录和人员安排等；后期质量控制主要是对档案信息数据库运行的监督、反馈、安全管理等。

四、档案信息数据库的功能

（一）信息检索功能

在信息检索方面一般数据库都提供基本检索（或称为简单检索、快捷检索等）和高级检索（或称专业检索、复杂检索等）功能，并通过二次检索进一步缩小检索目标，获得更准确的结果。同时，支持逻辑运算、模糊检索，提供规范化词表和索引浏览等检索方式。在检索结果的显示方面，除对命中文献提供文献题名、作者、出处、文摘或全文内容外，许多数据库还增加作者电子信箱、引文等信息。在结果显示输出方面给用户以多样化的选择，如可以选择命中最大记录数、每页显示记录数及显示字段，可通过相关度、时间等选择排序方式；对于命中记录的保存提供存盘、打印、电子邮件输出；如果是全文库还提供PDF、HTML等输出方式的选择。许多数据库都提供检索策略的存储和再使用等功能。从应用角度来看，信息检索功能可以满足用户的基本信息检索需求，且大多数据库信息检索功能模块已经标准化，检索界面简单直观，用户不需要经过专门培训就可以方便地使用。

（二）内容扩增功能

内容扩增功能是数据库在原有基础上增加的新功能。从传统数据库概念来看，每个数据库都有对应的文献收录范畴，即时间、地域、学科及文献类型范围，数据库收录的文献内容范围是衡量其质量的重要指标。随着各门学科的深入发展，交叉性和跨学科文献越来越多，数据库作为文献信息的动态集合体，必须打破原收录的文献范围限制，扩增其收录范围，网络技术为数据库的内容扩增提供了优越的条件。

（三）服务拓展功能

服务拓展功能也是数据库新增功能，包括文献分析和管理、定题通报、个性化服务、个人书目管理等服务功能。通过开发数据库的服务拓展功能，使数据库产品成为一个完整、立体的服务体系。目前，许多数据库正在从单一的信息检索工具向综合的信息资源与服务体系转型，数据库在信息服务的整体环境中，逐渐显示出其服务功能的强大。

1.文献分析和管理

文献数据库是大量文献的集合，在很多情况下，读者通过检索获得的文献数可能是几百、几千个甚至上万个。这些文献表现的各种特点，可以为读者提供重要的信息，数据库系统提供的文献分析功能实际上就是对所检索的文献的特点进行各种分析。目前，最具代表性的是ISI（多元化数据库）系统，通过分析功能，可以对所检索文献按年代、国家或地区、作者、主题领域、语种、文献类型等进行统计分析，从而获得所检索的某一主题文献。实践证明，这是一项很好的拓展性服务功能，可以使用户很好地把握某研究领域的知名专家、权威机构及文献的语种、时间分布等特点，准确地吸收某研究领域更多的信息。虽然目前还没有其他数据库系统提供检索结果的分析功能，但它确实代表了人性化信息服务的方向。

2.定题通报服务

定题通报服务是一种由数据库系统软件自动执行的定题服务，系统根据存储的用户检索策略自动进行检索，定期将最新的相关信息发送到用户的电子邮箱，用户可以直接从邮件超链接到数据库中的有关记录，从而方便、及时地了解自己所关注的最新研究成果及动态。目前，大多数数据库具有这种服务功能，用户可以随时获得系统中给定课题、选定期刊目次的最新信息通报服务。

3.个性化定制服务

个性化定制服务是指将每个用户查找和筛选的动态结果保存下来，每次通过数据库服务网站进入个人账户之后，用户便可以找到自己关心的资源和经常使用的系统功能，为用户节省了大量的时间。

4.个人书目管理

个人书目管理可以有效地帮助用户管理检索中文献信息，它将个人累次检索并选择的检索结果信息存入个人数据库，用户可以随时进行排序、增添、删除、数据导出等操作。同时，还可以按用户需求输出标准的出版格式，方便个人写作和投稿。

（四）其他功能

文献数据库功能的不断扩充与完善既是数据库开发商的利益需求，更是广大用户对信息服务业提出的要求。目前，国内外著名的数据库都有以上三大功能为开发信息平台的主要目标，且不同数据库还有其他一些附加功能。

第三节　档案信息数据库的逻辑设计、物理设计和功能设计

一、档案信息数据库的逻辑设计

系统对信息数据的管理，借鉴文档管理知识，结合档案信息数据库系统的特点，概括为专题库下的分类型知识条目管理。系统根据需求分析结果建立8个固有专题库和内建分类体系，每个专题库中存储该专题所对应的非结构化文档和结构化数据。档案信息数据库系统在逻辑结构上由数据库系统、目录服务系统、信息系统及网关系统有效集成。

（一）数据库系统

档案信息数据库系统主要由资源平台、业务平台、资源获取模块、统一资源存储模块构成。资源平台模块又包含了专题库管理、分类管理、知识条目管理、信息统计、信息检索、知识浏览6个子系统。

业务平台模块又包含了信息采集、信息上报、信息统计管理、档案入库等子系统。资源获取模块包含了档案数字化系统、数据交换系统、数据录入系统和数据校对系统这4个子系统。档案数字化系统是纸质档案要进入数

据库的数字化加工环节，数据交换系统则主要支持外部电子政务系统的信息交换，数据录入系统则是多种数据来源提供的不同结构化程度的信息进入数据库的入口，数据校对系统是保证信息准确性的重要保障。资源存储模块又包含了知识文档资料存储和业务操作数据存储两个子系统，知识文档资料存储于知识库或文档库中，包括文档管理、文档元数据管理、文档关系管理；业务操作数据存储于数据库中，包括数据管理、数据元数据管理。[①]

（二）目录服务系统

一个目录服务是信息仓库、存取法和相关服务的组合。信息仓库通常是用于存储位置信息和其他有关资源（如用户、打印机、文件服务器和应用服务器）的详细信息数据库。存取法是指轻量级目录访问协议（LDAP）或其他可用来与目录服务组件进行通信的存取法。相关服务是指目录服务提供的用于查询、操纵和认证数据库中信息的设施。

目录服务系统提供了用户目录和统一资源目录，在此基础上，完成系统的统一授权管理。用户授权管理实现针对不同角色的用户提供对统一的档案信息资源目录灵活授权策略，从而实现统一的分级分类授权等一系列管理。用户访问门户网站时，通过授权访问接口来确定该用户被授权的所有可访问资源。

（三）消息系统

档案信息数据库系统除了提供门户集成的集成方式，供用户基于Web访问外，针对用户的业务应用，还提供了通过短消息的移动客户端接入功能。系统在移动客户端接入的基础上提供更加快捷的消息通知方式，并通过接收和处理短消息，提供一定的移动应用功能。

（四）网关系统

网关是外部网络和内部网络之间的守护者设备。它既可以作为过滤器，防止未经授权的用户进入内部网络，又可以作为代理服务器，保护内部网络节点的安全。安全网关也提供隧道模式手段，用于隐藏内部网络间的地址，使内部网络中的节点可使用非法或未注册的IP地址与公共网络通信。安全网关通过公共网络为保护的节点协商IPSECSAS，并提供硬件加

①苏联灯．面向档案信息系统区块链支撑平台的构建[D]．深圳：中国科学院大学（中国科学院深圳先进技术研究院），2020.

密/解密服务。总之,安全网关快速、平滑、透明地实现内部网络对外部网络的安全访问,使网络外部不能看到内部,以提高内部网络的安全性。

网关系统通过防火墙或互联网安全产品,从网络层面到站点资源访问层面等各个层面进行必要的过滤,进一步保证系统边界的安全。防火墙在网络网关服务器上运作,在内部网(信息网)与外部公共网络(共用网)之间建立起一个安全网关,阻止对信息资源的非法访问,并强制所有的连接都必须经过此保护层(或隔离层),在此进行检查和连接。防火墙可以被认为是一种访问控制技术(或机制),用来在不安全的公共网络环境下实现局部网络的安全性。它通常置于一个私有的、有确认的网络和互联网之间,主要负责检查网络入口点通过的信息,根据一定的规则,对通过它的数据流进行监测、控制,以保护私有网络资源免遭其他网络使用者的擅用或入侵,保证内部网络的安全。

二、档案信息数据库的物理设计

档案信息数据库系统物理设计充分支持体现“系统网络化应用”和“信息安全性”。

(一)系统网络化应用

数据库系统在逻辑上划分为几个部分,分别在不同的计算机上运行,这些计算机既可以在局域网内,也可以在内联网上。采用这样的数据库系统,在结构设计时,应注意将应用逻辑从用户界面中分离出来,形成不同的模块。

(二)信息安全性

简单地说,安全性就是确定谁可以访问重要的系统资源,这些资源包括文件、目录、程序、连接和数据库。系统的物理设计提供对数据库的安全性支持,包括身份认证登录和权限管理、数据存取权限管理、网络访问管理、Web安全管理、终端监控管理等。

三、档案信息数据库的功能设计

(一)专题库、主题分类、知识条目管理

1.专题库管理

专题库管理是对既有数据库以外的,在实际业务中产生的,对已有数据

库的信息进行统一管理的设置,起着补充更新的作用。专题库管理的功能有新建专题库、修改专题库、删除专题库和专题库访问设置等。管理人员可以通过新建专题库界面提供专题库名称以及专题库(可选)和专题库描述信息,系统检查专题库名称有效(在同级专题库不能同名),通过验证从逻辑上创建专题库,生成专题库资源标识(ID)和统一资源定位符(URI)。管理人员指定待删除的专题库。如果专题库内已经存在其他子专题库、分类和条目,则提示用户是否级联删除。得到用户确认后,删除指定专题库。系统固有的专题库不允许删除。管理人员可以编辑修改专题库的名称、子专题库和专题库描述信息,系统检查专题库名称有效性(在同级专题库不能同名),验证子专题库有效性,通过验证从逻辑上修改专题库信息。管理人员可以进行专题库访问设置,设置能够访问指定专题库的机构、部门,借助权限模块,系统根据用户指定的专题库,确定资源ID,生成相应的资源访问控制说明项目。新建、删除或修改专题库以及对专题库访问设置,都借助日志管理模块生成相应的日志记录,形成新建、删除或修改专题库的日志记录。

2. 主题分类管理

管理人员可以通过新建主题分类界面提供主题分类名称、主题分类的上位主题分类(可多个)和分类描述信息,系统检查主题分类名称的有效性(唯一主题分类名称),通过验证的,创建主题分类,生成主题分类描述符。在存储主题分类时,存储主题分类和上位主题分类的类属关系。管理人员可以指定待删除的主题分类。如果在主题分类中已经存在指定主题的下位主题分类,或者数据库中已经存在标定为该主题分类的知识条目,给出提示信息并建议用户不要删除。得到用户删除确认后,将主题分类的所有下位主题分类向上移动一级,即所有下位主题分类的上位主题分类修改为删除主题分类的上位分类(如果待删除主题分类无上位主题分类,则置空),通过索引反向查找标定为待删除主题分类的知识文档,将这些文档的主题分类转变为待删除主题分类的上位主题分类(如果待删除主题分类无上位主题分类,则置空),删除指定分类。主题分类的删除功能使用频率低。管理人员可以修改指定主题分类的分类名称、主题分类的上位主题分类(可多个)和分类描述信息,系统自动检测主题分类名称的有效性(主题分类名称是唯一的),通过验证后的信息,系统将主题分类信息的形式加以保存,形成创建、删除和修改分类的日志记录。

3.知识条目管理

(1)档案数字化

档案数字化是随着计算机技术、扫描技术、OCR技术、数字摄影(录音、录像)技术、数据库技术、多媒体技术、存储技术的发展而产生的一种新型档案信息形态,它把各种载体的档案资源转化为数字化的档案信息,以数字化的形式存储,网络化的形式互相连接,利用计算机系统进行管理,形成一个有序结构的档案信息数据库,及时提供利用,实现资源共享。档案数字化还能有效地保护档案原件。数字化档案能代替原件使用,并能恢复档案材料模糊褪色的字迹,对污损残缺照片档案进行修复。而且数字化档案副本异地保存,以及输出缩微胶片永久保存,可以在突发紧急情况下最大限度地保持档案的完整性。在信息处理中,除可以获取的数字化数据外,还存在大量纸质文档,对这些纸质档案的数字化,是加强系统对业务文档归档和信息管理的重要手段。参照纸质档案数字化技术规范以及业务管理操作规程,采用基于扫描接口和工作流组件,实现对现存纸质档案进行扫描、校验,校验后进入阶段库的协同工作方式。阶段库是存储完成档案数字化扫描的图像文档的数据存储区域和管理机制。阶段库中的扫描图像类型文档可以进一步通过数据录入系统,在协同办公平台数据库中完成入库。由于重要性不同,在利用不同的文档资源时可以采取不同的入库策略。

(2)数据录入

数据按结构化程度基本上可以分为结构化、半结构化和非结构化数据,分别指示了系统对外部数据表达的信息和信息模式的认知程度。对系统而言,从外部获取的数据大都不是结构化数据,要通过系统对数据的整理和转换实现前述系统需求中的数据向半结构化和结构化数据转换。

结构化数据主要是从关系型数据库管理系统获取的数据;半结构化数据主要是通过电子政务交换服务得到的公文数据,其特点是基于XML格式的数据文档,以XML语言表达的信息和信息模式一并出现,在半结构化数据信息模式可预知的情况下,可以实现从系统内到结构化数据的转换;非结构化数据主要有大量无标准化结构定义的文本型数据、声音、图片和视频等。文档格式标准化处理是将多种数据源得到的不同类型的文件格式和数据格式进行标准化,最终得到标准的文件格式和数据格式。所有数据均提供相应的元数据管理。针对提取结构化数据、外部交换数据、导入文件、图片和音频、视频格式，分别制订标准格式。

(3)著录

著录模块是对文档内容和形式特征进行描述的功能模块。数据库文档采集员录入文档后，文档管理模块通过工作流引擎通知著录人员对文档进行著录。著录人员也可以选择知识文档并启动著录过程。用户选择的文档，系统检查该文档的内容类别，从而选取适当的文档类型元数据模板并创建相应的元数据实例，系统自动提取部分信息填入元数据实例。例如，文件名称和文件大小等。用户在此基础上补充和修正元数据内容，并提交著录元数据。用户提交元数据时，系统保存元数据内容到文档库中，存储文档和元数据的关联关系，将元数据索引化，生成相应的索引。

(4)数据校对

系统提供以开放式词库管理为核心的文字校对引擎，提供人工校对界面和对校以实现对上下文的有效管理，提供基于工作流引擎的校对业务流程管理。校对系统能够充分利用现有基础信息数据库内的语料和用户向词库添加的词条持续扩展开放式词库，通过开放式词库增加自动辅助校对的准确性。系统对校对上下文、校对环境和校对结果进行有效的管理，使得三个校次有延续性和可对比性；系统基于工作流引擎的校对业务流程能够更好地将传统人工校对中的"三校"，合理迁移到高效的计算机平台上，并保证职责清晰和权限明确的特点。对于OCR字符识别(尤其是OCR版面还原)的纸质文档数字化，系统还提供校对OCR文字和校对版面的功能。

(5)文档关系管理

档案信息数据库系统还以元数据管理的手段实现了文档关系的管理。系统中采集、存储和管理的档案信息存在各种各样的关系和联系。然而很多良好的应用系统忽略了这些重要的文档关系，导致对有相互联系的文档使用出现一定的困难。文档关系管理系统完成对文档数据之间的上述各类关系联系的抽象、存储和使用。用户可以在录入数据后，对文档之间的关系进行指定。除可以指定系统提供的几种预设关系外，用户还可以根据自己的需求创建新的关系类型定义。在信息检索系统和其他业务应用系统等众多系统中，借助文档关系管理系统中管理的文档关系，可以为用户提供更多相联系文档的简单提示，也可以基于这些关系更方便地完成相关文档的查看和比对等操作。

(6)审核

对于通过审核的档案信息数据库文档创建入库,系统逻辑上分配该文档到联防联控数据库相应的专题库,创建URI(统一资源标识符)。对于通过审核的档案信息数据库文档进行更新,系统逻辑上删除原版本文档在相应专题库中的知识条目,替换为新更新的版本知识文档,维持原URI。

(7)信息检索

基于著录工作和索引化得到的索引,提供分类检索、主题词检索等基于元数据的信息检索种类;基于全文索引提供全文检索方式;对应本系统的需求,提供专题检索、元数据检索、条件检索和多媒体检索等检索方式。系统还提供其他检索方式和检索特性。系统自动检测著录得到元数据,并将元数据索引化,生成由描述信息定位原文档的必备信息。

(二)档案信息采集、数据上传、信息分析管理

1.档案信息采集

档案信息采集分为自动采集和手动采集。自动采集是指系统通过数据库接口或者其他Web Service,按照档案业务系统连接有关数据信息,以及一定时间间隔,从对象业务系统中获取相关增量数据。然后由档案业务系统导入增量数据到相应数据分类中,并形成详细的自动采集日志。当档案业务系统检测到自动采集到的档案记录数据有误时,档案业务系统会提供半自动采集界面,用户可在该界面上借助查询筛选出其所申报数据记录的类属并填入该指定待导入数据条目,然后档案业务系统导入用户指定的数据条目并形成导入日志。自动采集可以完成自动导入日常业务数据到本系统中的功能。

手动采集可以用于未采用外部系统进行业务数据管理的通道,提供单条录入和批量导入的录入方法。手动采集是指系统提供用户操作界面,通过表单录入各类信息数据,系统生成相应的ID数据记录并加以保存的过程,这个过程也可以通过导入指定格式的文件来登记监测数据,上传文件后,系统临时保存该文件并解析文档,为用户提供解析结果,用户验证无误后正式提交,提交的数据信息与前述表单提交数据一样,生成唯一监测ID并保存该数据记录。手动采集也可以用于突发紧急情况下的信息采集。

2.数据上传

数据上传是在传统上传工作方法基础之上形成的信息化手段。数据上传具有信息上传和信息反馈的功能,既能对各种信息提供上传支持,也具有通知功能的信息反馈,这极大节约了传统档案上传手段中人员通信和访问反馈的时间,提高了档案信息上传的效率。

数据上传主要分为档案信息上传、档案信息反馈和档案信息上传汇总三个模块。

3.信息分析管理

信息分析管理包括信息类型分析、信息类型确认、信息评估报告等步骤。信息类型分析,将档案数据加以分析,从档案信息资料的专业领域特点进行的信息类型划分。信息类型确认,将档案信息资料加以分析和归类后,还应从流程上加以确认。信息评估报告,根据模板技术生成相应的档案信息资料评估报告,并生成相应的资源以及ID和URI,以便用户访问。信息分析管理按照分类和时间,创建信息分类和信息评估报告数据和文档,一般存储于关系型数据库和文档库中。

(三)归档管理和文档安全

1.归档管理

档案信息数据库系统提供自动归档和手工归档的途径。自动归档针对监测数据和通报,手工归档针对通报。监测数据属于结构化数据,在超过一定时限(如一年)时,系统将监测数据转入数据仓库。在操作型数据存储中删除原数据,逻辑上标记数据记录在历史档案库中,标记记录已归档。系统提供归档时限的设置,并周期性(一般按天)执行自动归档任务。对档案文档的归档,系统检查通报的发送时间和通过的归档时限满足条件的,将通报转存到历史档案库中。归档人员也可以手动强制对有关档案信息进行归档。归档后的记录和文档,只有归档人员才能够检索和查看。

2.文档安全

档案信息数据库系统中的信息既有上传下达的指令与命令,又有不同人员的个人信息。因此,在传送和保存中要有严格的安全机制作为保证。数字签名用来证明信息产生者的合法身份和签名后的信息是否被更改。数字签名可以解决否认、伪造、篡改及冒充等问题,即发送者事后不能否认自己的签名、接受者能够核实发送者的签名、接收者不能伪造发送者的签名、接收者不能对传送的信息进行部分篡改、网络中的某一用户不能冒充另一用户作为发送者或接收者。数字签名实际上也是一种加密，其核心技术就是数据加密技术。一般采用公开密钥算法进行签名，最近又有新的加密方法使用，即椭圆曲线加密方法。私人密钥加密保证信息传输和到达后只有指定的人员才能看到。存取权限控制从数据库、文档乃至区段字段级的加密，只有存取权限的人员才能阅读或修改相应的内容。

第四节　档案信息数据库核心业务流程设计

一、档案信息数据库的采集业务设计

（一）普通档案信息的采集流程

普通档案采集业务的流程大致如下：①文档采集员启动基础知识积累采集业务流程，向条目管理请求。②档案文档管理子系统收到请求后，暂存知识条目，并借助工作流程管理引擎向审核人员发送通知，通知审核人员对该知识文档进行审核；再向文档采集员发送通知，通知文档采集员知识条目已提交等待审核。③审核人员提交对文档的审核通过或不通过审核结果，文档管理子系统保存知识条目，并借助工作流管理引擎通知文档采集员审核结果。④工作流管理引擎向校对人员发送通知，通知校对人员对文档进行校对，向著录人员发送通知，通知著录人员对文档进行著录。⑤校对人员对文档完成校对，必要情况下保存校正后的文档。⑥著录人员对文档完成著录，完成知识积累采集业务流程。

（二）特殊档案信息采集的流程

特殊档案的信息采集流程大致如下：①特殊档案的信息采集业务流程的启动方式有自动同步、人工导入和监测登记三种方式。②自动同步方式的档案信息采集业务，由资源平台在工作流管理下自动调度任务，外部档案提供者通过系统添加业务数据，然后再由资源平台择取适当的档案数据存储进来，最后生成该档案导入报告。③人工导入方式的特殊档案信息采集业务，由特定人员在系统中发起档案数据的查询或申报，数据平台作为代

理;数据平台可进一步向资源平台系统查询业务数据,并将返回的结果显示给申报用户;申报用户指定要导入的档案数据要求资源平台导入;平台存储用户指定导入的档案数据,并形成档案导入报告,以供用户查看。④档案信息采集业务,可由档案信息采集人员通过表单提交档案信息数据(单条提交或批量导入),平台存储申报信息并向用户返回操作结果。[①]

二、档案信息数据库的知识管理业务设计

(一)专题库管理

采用分库条目式管理方式。分库用于对专题库的管理,即按照机构、功能等业务特性人为划分数据库单元。作为数据库分库,既要借助关系型数据库有效支持结构化数据,也要借助文档库良好支持非结构化数据。借助元数据管理手段有效描述结构化数据和非结构化数据。分库可以关联多种内容类型。内容类型可以约定一致的元数据模板、文档模板和工作流等相关特征。分库下可以建立知识信息条目;提供条目的增加、删除和修改功能;支持分库的维护,从逻辑上支持划分分库专题库;允许新建、修改和删除分库;在分库下可以建立子库;提供对分库操作的权限管理,为不同的联防联控机构开放相应的分库或子库。

(二)知识入库及更新

数据库中的文档创建,可以基于文档模板,创建基于模板的知识文档,也可以不借助文档模板,直接提交文档到数据库中。

对数据库中创建的文档,可以通过引入校对环节提高文档内容的准确性。对数据库中的文档进行著录,可以更完整地描述知识文档的内容和特征,对自动词条索引和全文检索的应用有极大补充作用。数据库中的文档对外公开是受审核管理约束的,因此知识入库和知识更新都要接受审核管理,文档通过审核后,用户才能查看创建的文档和被更新的文档。

(三)知识检索

知识检索通常指文本信息检索,其核心是文本信息的索引和检索。在档案管理领域,检索是存储和查找档案信息的过程;索引是指明档案或目录的某种特征,以一定次序编排并注明相应出处的档案检索工具;标引是对档

①王玉蓉. 电子档案管理业务流程重组研究[D]. 湘潭:湘潭大学,2021.

案内容进行主题分析,赋予检索标识的过程。在进行信息检索时,通过提供一个或多个检索项与检索内容,检索系统会通过索引查找档案。

(四)知识归档

对知识分门别类,按照用户指定的存储位置,完成历史性资料的标准格式档案存储管理。目前,主要用于对通报信息按照年份和专题进行归档。知识归档提供自动归档和手动归档方式。

知识归档提供知识分类的归档位置和归档时效配置功能。配置的归档位置可以指定专题库位置,配置的归档时效指定知识文档自创建到自动归档的时间跨度,系统自动归档模块会检查文档的该分类知识文档,满足自动归档条件的,将文档以标准化归档格式存储于用户配置的归档位置中。

(五)知识联系

知识联系,主要体现在知识文档间的内容意义上的相互关系。通过知识树模型引擎,基于知识分类,自动管理知识间的联系。知识树模型按照知识的分类设置及分类的类属层次关系,自动构建知识树。在著录过程或系统自动分类时形成的知识分类,使得经过良好描述的知识文档能够在系统中得到很好的梳理,更好地体现系统管理知识的知识结构,也便于用户更方便地按照主题去访问相关的知识文档。除了基于知识主题分类的知识树模型外,系统还提供知识目录等多种知识文档间相关联的管理。知识目录主要是由用户将系统中的知识文档进行目录结构组织,便于用户进行知识文档的集成,提供用户习惯的目录浏览方式。

三、档案信息数据库的信息共享业务设计

档案信息共享业务由信息索取人员或信息提供人员启动。档案信息索取人员向信息索引索取共享信息;资源平台定位信息;档案信息定位成功后则返回相应的信息条目,否则返回错误说明(一种常见的错误就是资源平台无法定位索取人员所期望的信息,例如资源平台共享库中没有该信息)。信息索取者可以向资源平台发送共享信息的请求,资源平台接收到共享申请后,通知审核人员对共享申请进行审核。审核人员完成共享申请的审核后,对通过审核的申请,平台进一步向共享信息发布人员发送通知,共享信息发布人员接到通知后发布特定信息。信息发布人员在数据库平台中检索的该信息如果仍不存在,可以要求信息提供人员提供信息,收到信息后再由共享

信息发布人员负责发布到共享库中。

档案信息提供人员也可以主动要求信息共享。由档案信息提供人员向平台提供信息并发出共享申请,数据库平台收到共享申请后,通知审核人员,审核人员对共享申请以及待共享的档案文档内容进行审核后,给出审核结果。平台依据审核结果发出通知,当审核通过时,通知档案共享信息发布人员发布共享信息,未通过的档案信息则不予以发布共享。平台共享结果要通知档案信息提供人员。

第四章　档案信息化保障体系建设

第一节　宏观管理保障体系

一、档案信息化规划

（一）规划制定的原则

1.统揽全局的原则

规划首先要明确档案信息化的指导思想基本目标、工作任务措施步骤、保障体系、评价指标等。为此，档案信息化规划要有前瞻性、系统性、严肃性、权威性和操作性。在目标的确定上既要起点高，又不能不切实际地盲目拔高；在任务的确定上既要全面覆盖，又要重点突出；在措施的确定上既要宏观布局，又要微观落地；在保障体系的确定上既要营造动力机制，又要设定约束机制；在评价指标的确定上既要定性，又要尽可能定量，特别要做到与本单位档案事业发展规划和本地区信息化发展规划相衔接，争取取得组织、资金和人力上的支持。为了落实好规划，要建立集规划制定、协调、监督、意见反馈、补充完善于一体的规划执行机制。通过落实责任、考核和目标管理，努力实现预定的信息化蓝图。

2.分步实施的原则

档案信息化涉及面广，工作量大，制约因素多，因此不可能毕其功于一役。在制定规划时，要充分考虑国家、地区信息化战略的实施进度、档案信息化的近期需求，档案基础工作条件、管理制度和业务规范的配套情况，以及经费、人力的投入能力等。要在全局性、长远性目标的指导下，根据需要和可能，将总目标分解为若干阶段性目标，以便分步实施。阶段性目标要处理好前后衔接关系，每一阶段的目标任务既要继承前阶段的成果，又要为后阶段创造条件。特别要将档案信息资源建设列入阶段性目标的主要任务，并提出量化的指标要求，如电子文件归档和传统存量档案数字化应当达到多少百分比等。[①]

3.需求驱动的原则

长期以来，信息技术领域有一句行话“以需求为导向”，它是信息技术应用的一条重要规律。现代信息技术几乎无所不能，然而只有与特定的需求相结合，才能实现信息化的价值。需求决定计算机应用的发展方向、检验标准和实际效能，是信息系统建设的出发点、归属点和动力源泉。不重视需求或找不准需求，必然使档案信息化偏离正确的轨道，甚至付出沉重的代价。

4.突出重点的原则

所谓突出重点，就是规划要满足重点需求。需求是一个相当具有“弹性”的概念，在分类上有：一般需求和主要需求、潜在需求和现实需求、表面需求和本质需求、当前需求和长远需求等。突出重点就是要在调查研究的基础上，分析和把握住主要需求、现实需求、本质需求、当前需求和紧迫需求。为此，在制定规划时，要从本单位、本行业的实际出发，以问题为导向，以必要性和可行性统一为基础，找准需求，定义总目标和阶段性目标，一步一个脚印地有序推进档案信息化工作。

（二）规划制定的步骤

1.组织机构

档案信息化规划的制定事关大局、事关长远，应当建立由单位主要领导主持，信息化管理人员、相关业务技术人员和档案管理人员参加的规划起草小组，具体负责规划制定的全过程工作。为了开阔眼界，借用外脑，还可以聘请外单位有关档案信息化的专家，对规划起草人员进行培训，对起草工作给予咨询、审核、把关，或直接负责规划的撰写工作。

2.调查研究

调研主要包括四个方面：一是对国际国内本地区，本行业档案信息化发展战略和规划的调研，了解其对档案信息化目标、任务、措施的定位，以便于为本单位规划制定提供参考。二是对同行业或相近行业档案信息化的先行单位进行调研，以便学习和借鉴他们的成熟经验。三是对社会信息化发展状况进行调研，了解其软硬件技术发展水平，以及哪些技术适用于本单位。四是对本单位档案工作和档案信息化需求进行调研，发现和分析存在的问题，研究利用信息化手段破解问题的对策。

---

①潘潇璇．档案管理理论研究[M]．延吉：延边大学出版社，2018.

3. 撰写规划

对调研结果进行归纳总结，撰写调研报告。根据调研报告撰写规划大纲，并征求有关领导、专家或业务技术骨干的意见。根据拟定的规划大纲，撰写规划初稿。初稿完成后组织专家进行科学性和可行性论证，并广泛征求机关各业务部门和相关单位的意见，修改完善后交本单位领导审核、签发，然后正式颁发。

4. 规划颁发

规划颁发时要一并提出规划执行的指标要求、进度要求和责任要求，并按照"言必信，行必果"的要求，跟踪规划的执行情况。

（三）规划的主要内容

1. 回顾总结

回顾总结本单位档案信息化的进程、现状，取得的基本经验或主要体会，以及存在的主要问题。对于尚未建立档案管理信息系统的单位可以总结本单位档案工作的现状，以及为档案信息化创造的基础工作条件，如档案制度化建设、标准化建设、档案资源建设、档案人才队伍培养等。

2. 目标定位

目标是对档案信息化建设预期前景和效果的描述。目标可以分总体目标和具体目标两部分。目标定位要有以下"五个度"：高度，即体现高起点、高标准高水平；宽度，即做到档案业务工作的全覆盖；深度，即要致力解决发展中遇到的热点、难点问题；亮度，即要有创新点和闪光点；温度，即要满怀热情地贴近时代、社会、生活、百姓。总目标的实施周期应尽量与本单位发展规划相吻合，一般为五年。

3. 任务部署

任务是对目标的细化。目标一般比较原则、概括和宏观，任务则要尽量具体和微观。任务一般按档案信息化的要素细分，包括基础设施建设、信息资源建设、应用系统建设和保障体系建设等。任务部署要尽量做到定时、定量，如纸质档案数字化工作每年要达到多少页、占馆（室）藏总量的百分比是多少等。

4. 措施落实

措施是指实施档案信息化的必要条件，一般包括人员观念的改变、档案基础工作的跟进、技术平台的建设、信息安全的落实、资金持续投入以及人才队伍培养等。其中档案基础工作部分要特别强调“兵马未到，粮草先行”，即提前、重点做好电子文件归档、纸质档案数字化工作。

二、档案信息化组织

（一）思想观念更新

档案信息化是新时期档案工作顺应潮流，抓住机遇，加快发展的重大战略。规划是战略实施的顶层设计，是长远性、全局性的谋划，是避免战略实施随意性和盲目性的有效举措。只有充分认识规划实施的重要意义，才能增强实施规划的责任心和自觉性。

（二）组织体系创新

档案信息化应当是“一把手工程”，必须由机构的主要领导分管档案信息化工作，并建立集规划、执行于一体的档案信息化主管部门，才能及时高效地协调处理档案信息化建设中遇到的复杂关系，避免因多头管理而造成政出多门、相互推诿的现象。

档案信息系统的建设和运行涉及与外界系统的互联。前端与办公自动化互联，确保对归档电子文件的前端控制。后端与本单位各种业务系统互联，确保为社会或本单位行政业务系统提供档案信息服务。单靠档案部门难以处理与档案外部系统的关系，必须由本单位主要领导牵头挂帅，才能做好跨部门的组织协调工作。

（三）管控措施到位

1.要保持规划的权威性和严肃性

对已经列入规划的每项任务都要言必信，行必果，对规划后未执行的任务要追究原因和责任；按照规划制订有关项目的实施方案，规定具体的实施内容、进度、要求，一抓到底，直至见效；将规划实施的组织、协调、监督指导纳入档案工作的法规、制度、标准、规范系统中去，纳入行政部门工作的职责和考核办法中去，通过档案法治和行政的手段，防止发生档案信息化不作为或乱作为现象。

2.要夯实档案信息化的各项基础工作

档案信息化建设的重点是档案信息资源建设。为此，要围绕档案信息资源管理的目标和任务，扎扎实实地做好传统文件和电子文件的积累、归档以及归档后的档案鉴定、分类、组卷、著录、编目、数据录入、档案扫描、档案保管、档案划控等基础工作，利用数据库技术，建立起大规模、高质量的档案信息资源总库，为档案信息系统运行提供优质的信息资源。

3.要确保规划实施的各项投入

切实按照规划要求落实软硬件网络平台、应用系统、数据资源、人才队伍、保障体系等各项建设任务。对建设项目的完成情况和实用效果进行科学的评估，并将评估的绩效列入档案信息化建设单位业绩考核的指标。

（四）科研教育跟进

鉴于档案信息化具有知识密集和技术密集的特点，档案科研和教育已成为档案信息化的两个重要支柱。为了更好地发挥科研工作对档案信息化的引领作用，要加强对档案信息化项目的选题指导、立项审查、实施跟踪和结题评审等环节的全过程管理。对不可行的项目在立项阶段就予以否定。对科研项目的结题评审要严格把关。对重点科研项目要组织各方力量联合攻关，特别要加强档案局（馆）、高校档案学专业和信息技术开发公司之间的联合，从档案专业和计算机技术的紧密结合上提高科研成果的质量。要加大档案信息化科研成果的推广力度，充分发挥理论成果对实践的指导和引领作用。要采取有效的行政手段和考核措施，大力推广集成化、通用化的数字档案室和数字档案馆应用系统，彻底改变过去各自为政，重复建设，自成体系，难以互联的粗放型发展模式。

第二节　标准规范保障体系

一、标准规范建设的原则

（一）适度超前原则

档案信息化标准是对档案信息化建设过程中出现的各种重复性事物和概念所做的统一规定，标准的对象在档案信息化建设中是随着时间的变化、技术的更新而不断变化的。因此，在档案信息化标准规范建设过程中，要考虑信息时代和网络环境的变化，要有前瞻性和预见性，能在一定程度上预测社会和技术的发展方向，并充分考虑相关标准的制定时机，坚持适度超前原则。标准的制定时机过于超前，可能会使标准因缺乏实践基础而偏离主题，甚至给档案信息化工作造成误导；过于滞后，则会造成大量既成事实的不统一，需要耗费大量的人力、物力进行返工统一。档案信息化标准规范建设，要在有初步经验的基础上，根据现实情况并结合未来档案信息化发展状况开展相关工作。

（二）坚持开放原则

当今社会是一个开放的社会，各行业的开放程度以及行业之间的交叉融合程度越来越高。在进行档案信息化标准规范建设过程中，应自始至终坚持开放性原则。

1.要采纳各种开放标准

开放标准是指那些知识产权明确属于公共领域、采用开放语言和标准格式描述、有可靠的公共登记和持续的维护机制、有可靠的开放转换和扩展机制、公开发布详细技术文件并可公共获取的标准规范。在档案信息化标准规范建设过程中，首先应考虑采用开放标准，既可以避免重复劳动，又可以保证较高的标准化水平。

2.要采纳各种国际标准

国际标准是由国际标准化组织所制定的标准，是由世界各国的专家参与制定的，它含有大量科技成果和成熟的管理经验，代表着当代科学技术和生产管理水平。档案信息化建设并不是我国独有的工作，世界各国的同行们都在进行这一项工作，其中不乏一些起步较早、水平较高的档案信息化建设案例。在档案信息化标准体系建设过程中，我们应认真学习先进的国际标准，

3.要参照相关专业的信息化标准

“他山之石，可以攻玉。”档案工作与图书馆工作、情报工作、博物馆工作等相关专业工作存在着一定的相似性。在进行档案信息化标准体系建设过程中，应当充分吸收相关专业在信息化标准建设方面的成功经验，尤其是图书馆在信息化标准体系建设方面较成功的经验。

4.要考虑与相关标准的兼容性

在制定本单位、本行业标准规范时，要注意处理好和国际、国内信息界

相关标准规范的兼容关系，还要注意和其他相关领域，如电子政务、数字图书馆建设之间的兼容关系，特别要处理好与国际、国家、行业、区域有关标准规范之间的兼容关系，以便在档案信息系统建设后能与其他相关系统顺利衔接，资源共享。①

（三）动态管理原则

档案标准化过程并非一蹴而就，而需要在实践中不断补充、提高、扩展。动态性原则是指要根据档案信息化建设的实践发展，对标准不断进行修订、充实和完善。档案信息化建设是一个长期的过程，在这个过程中，标准规范的对象会随着时间的变化而不断发生变化。特定的标准是根据特定的时间、特定的环境、特定的对象制定的，虽然要求标准制定者在制定标准时，要充分考虑到未来的变化，但是预测与变化往往会有偏差。因此，标准制定完毕后，要根据实施情况及规范对象的变化及时进行修订。

二、标准规范建设的主要内容

档案信息化标准规范建设可以从管理、业务、技术和评价等层面来制定和推行。

（一）管理性标准规范

档案信息化管理性标准规范包括两个方面：一是对人的管理性标准，主要是指对与档案信息化建设相关的人员进行管理的标准，包括档案工作人员管理标准、软件设计人员管理标准、用户管理标准、用户角色控制标准，用户权限审批标准等，明确档案工作人员的职责和任务，以及用户的权利和义务，以保证档案信息化建设各项工作的正常开展。二是对物的管理性标准，主要是指对数字档案信息资源实体的全过程规范化管理，以及对信息化设备，如机房硬件、软件存储载体的规范化管理，主要规范这些资源可以给谁用、如何使用和如何保管的问题。

（二）业务性标准规范

业务性标准规范是对档案信息化及电子档案业务处理进行的规定，解决业务操作行为不统一的问题。其范围包含与档案信息化相关的术语标准；档案信息采集标准，包括数字信息资源建设所涉及的数字化加工、元数

①周文泓．Web2.0环境中参与式的信息档案化管理 走向全景档案世界[M]．杭州：浙江大学出版社，2018.

据、资源创建描述等；信息管理标准，包括数字信息资源组织、资源互操作；信息利用标准，包括数字信息资源检索、服务；信息存储标准，包括数字信息资源长期保存等；电子档案的术语标准及管理规范，包括电子档案的基本术语、资源的标识以及描述电子档案的文件格式、元数据格式、对象数据格式等。

（三）技术性标准规范

技术性标准规范是对档案信息化及电子档案管理有关技术应用进行的规定，主要解决技术应用不适当而导致的质量问题。其范围包括硬件基础设施建设技术标准、软件系统工作平台技术标准、数据存储压缩格式规范、数据长期保存格式规范、数据加密算法规范、网络数据传输规范、数字水印标准等。

国家现已颁布的技术性标准规范有《纸质档案数字化技术规范》《电子文件归档光盘技术要求和应用规范》《文书类电子文件元数据方案》《版式电子文件长期保存格式需求》《基于XML的电子文件封装规范》等。

目前，国家档案局正在自主制定或联合相关部门制定的技术性标准规范有：《档案信息应用系统技术标准》《档案信息数据存储、压缩格式规范》《数据加密算法规范》《数字水印标准》《电子档案存储格式与载体规范》《照片档案数字化技术规范》《电子文件元数据标准》等。

（四）评价性标准规范

评价性标准规范是对档案信息化及电子档案管理的成果和效用进行评判的指标体系，包括档案信息系统的研制、档案信息资源的开发和利用、信息安全、信息技术应用的广度和深度、信息化人才开发、信息化的组织和控制、信息化的效益等评价的标准。其中信息资源开发和利用应该是测评指标体系中的重要部分，可细化为馆（室）藏档案数字化的数量、多媒体编研成果的种类和数量、数字信息的提供利用方式、数字档案的利用频率等。

三、标准规范的贯彻落实

标准一旦颁布生效就应当具有严肃性和权威性。为了更好地落实档案信息化标准规范，要做好以下工作：一是档案信息化标准规范的宣传教育。通过举办专题培训班，或将有关标准内容纳入档案专业培训课程，宣传有关标准规范贯彻的意义、目的、内容、要求。二是采取行政手段，加强对档案信息化标准规范的宣传贯彻力度，做好常态化督促、检查和指导工作。三是将档案信息化标准规范的执行情况纳入信息化项目的评审、鉴定、验收程序和要求中，贯标通不过，责令整改，整改通不过，项目不予通过验收。有了规范要做规矩。所谓“做规矩”就是要对不贯标的档案信息化建设项目敢于否定，对貌似可行的违反规范项目及时制止。从建设项目立项评估、可行性研究等前端开始，就给予强有力的标准指导和贯标监管。四是档案信息化标准规范建设要与时俱进。档案行政管理部门要收集贯标工作的信息反馈，及时发现标准规范脱离实际的情况，以便在调研分析的基础上对有关标准规范进行修订。五是档案信息化标准规范的修订要倾听行内有关领导、专家、业务骨干、计算机专业人员的意见，充分参考图书情报、文博电子商务、电子政务等相关标准，以便使标准规范做到向上、向下和横向兼容，确保其开放性、先进性和适用性。

第三节　信息安全保障体系

档案信息安全保障体系由档案信息安全法律法规体系、安全管理体系和安全技术体系三部分组成。

一、安全法律法规体系

（一）涉及安全问题的档案法律法规

《中华人民共和国档案法》是我国档案法律法规的基石，在《中华人民共和国档案法》及其实施办法的基础上，近年来我国档案界陆续制定出一些关于或涉及档案信息安全的规章、标准和规范性文件。如国家档案局2002年颁发的《全国档案信息化建设实施纲要》和国家标准《电子文件归档与管理规范》中均有针对档案信息安全的具体规定；2013年组织制定了《档案信息系统安全等级保护定级工作指南》以落实国家信息安全等级保护制度。很多地方和单位也颁发了档案信息安全保管方面的规章制度，如上海市档案局颁发的《上海市档案条例》《上海市档案信息化建设实施意见》中均有关于确保档案安全的条款。

(二)涵盖档案管理的信息安全法律法规

我国档案信息化建设尚处于发展初期,专门针对档案信息安全制定的法律法规较少,档案信息安全法律法规体系的主要内容仍由涵盖或涉及档案信息安全的信息安全法规构成。这些综合性的信息安全法律法规为档案信息安全提供了基本的法律规范,也应列入档案信息安全法律法规知晓和执行的范畴,同时,对制定和完善档案信息化的专门法律法规具有依据和参考价值。①

在行政法规与规章方面,国务院、各级地方政府陆续制定了一系列信息安全规范。其中,由国务院直接颁发的具有指导性质的行政法规是《中华人民共和国计算机信息系统安全保护条例》《中华人民共和国计算机信息网络国际联网管理暂行规定》《信息网络传播保护条例》。工业和信息化部按照国务院要求进一步制定了《中华人民共和国计算机信息网络国际联网管理暂行规定实施办法》《通信网络安全防护管理办法》等。

国家公安部从网络系统安全保护和安全监控出发制定了《公安部关于对与国际联网的计算机信息系统进行备案工作的通知》《计算机信息系统安全专用产品分类原则》《计算机信息系统安全专用产品检测和销售许可证管理办法》《计算机信息网络国际联网安全保护管理办法》《计算机病毒防治管理办法》《互联网安全保护技术措施规定》等文件。2007年公安部与国家保密局、国家密码管理局、国务院信息化办公室共同制定了《信息安全等级保护管理办法》。国家保密局则从网上信息安全保密责任出发制定了《计算机信息系统保密管理暂行规定》《计算机信息系统国际联网保密管理规定》。

二、安全管理体系

(一)档案信息安全系统管理模式

新的风险在不断出现,档案信息系统的安全需求也会随之不断变化,因此安全管理应是动态的、不断改进的、持续发展的过程。档案信息安全管理模型可选择PDCA模式,即计划(Plan)、执行(Do)、检查(Check)和行动(Action)的持续改进模式。采用PDCA管理模式,每一次的安全管理活动循环都是在已有的安全管理策略指导下进行,每次循环都会通过检查环节发现新的问题并采取行动予以改进,从而形成安全管理策略和活动的螺旋式提升。

①田雨.探析档案信息安全保障体系的建设[J].兰台内外,2022(10):76—78.

信息安全管理PDCA持续改进模式把PDCA管理模式与安全要求、风险分析有机地结合在一起，考虑了信息安全中的非技术因素，同时加强了信息安全管理，具有广泛的适用性。

（二）档案信息安全系统管理的具体实施

在档案信息安全管理模式中，档案信息安全管理中心是整个系统的核心，每一个环节都要定期地与档案信息安全管理中心进行安全信息交流，当档案信息安全管理中心认为有必要对其安全目标进行修改时，要及时向上级领导汇报，等待最终的定夺。

1.完善组织机构

有条件的档案部门可以成立档案信息安全管理中心，负责实施和监控整个档案信息安全管理活动。安全管理中的每一个环节都必须与安全管理中心进行信息交流，安全管理中心还具备评价数字档案信息安全管理体系运作情况的功能，可以对安全方针、安全制度和安全措施的实施结果进行调查，并分析这些安全举措对档案信息安全的影响，然后提出相应的改进方案。数字档案信息安全管理中心由部门领导、信息管理专家、信息技术专家和技术雄厚、人员稳定的开发队伍、有关的工作人员组成。

2.进行风险评估

档案部门必须清楚档案信息系统现有以及潜在的风险，充分评估风险可能带来的威胁和影响，这是档案信息化建设必须首先解决的问题，也是制定信息安全策略的基础与依据。风险评估应遵循以下原则。

（1）安全、风险和成本均衡分析原则

即用最小的成本达到适度安全的需求。

（2）整体性原则

运用系统工程的原理进行网络信息安全的整体解决方案设计，以达到完整性的要求。

（3）可用性和易操作性原则

信息安全系统对于操作者应该是可用的，操作应该是简单易行的。

（4）适应性和灵活性原则

安全策略必须随着网络性能和安全需求的变化而变化，适应性强，易修改。

3. 制定安全策略

制定档案信息的安全策略，要在完善配套、科学合理的有关数字档案信息安全的法制和标准体系下，通过有效的信息安全技术和安全管理来遏制来自外部和内部的攻击，增强安全防护能力和隐患发现能力，确保数字档案信息资源内容和信息载体的安全，达到所需的安全级别，具体安全策略可分为内部建设安全策略和网间互联安全策略等，循序渐进并逐步加以完善，最终形成功能强大的数字档案信息安全管理体系。

4. 开展数字档案信息安全管理培训

开展数字档案信息安全培训是档案信息安全管理体系的重要环节之一，特别是各关键岗位的人员，对档案信息的安全起到重要作用。在实际工作中，大部分档案信息安全问题都是由人为因素造成的。因此，对于档案部门工作人员的培训不应是一次性的活动，需要定期对人员进行安全策略及安全技术的应知、应会培训，尤其是安全策略更改或面临新的安全风险部署新的安全解决方案之后，更要对其加强培训，以保证安全策略的有效程度。

5. 贯彻执行管理决策

管理决策的贯彻执行必须依靠人来完成，虽然档案信息安全保障体系的建设涉及档案部门方方面面的因素，但归根结底的因素是人。没有机构人员的认可、理解与支持，就没有实施数字档案信息安全管理保障体系的前提；没有档案部门的有力组织协调，则很难保证信息系统建设的顺利进行；没有相关实施人员的互相配合和出色工作，无法使信息系统中各模块的信息无缝集成；没有具体业务人员及时准确地收集各种基础信息，就没有信息系统的输出；没有资深咨询顾问的正确指导，信息系统实施就难免多走弯路，甚至有可能失败。

6. 持续完善管理体系

首先，确定待评价系统的边界和范围，明确评价的目的，以系统整体为立足点，总体分析各方面的效益与成本，及其与系统各构成部分的关系；其次，确定待评价系统的状态与所处的阶段，如可行性分析总体设计、系统开发与运行等各阶段；再次，选择适当的评价方法，如结果观察法类比-对比法、专家评价法或评分法等，确定适当的评价指标；最后，收集有关数据、资料进行分析、计算，得出评价结果，并将评价结果书面化。根据评价结果进行不断完善，提高档案信息安全管理体系及具体实施过程的有效性和效率，以满足自身、用户和其他相关方日益增长和不断变化的需求与期望。

三、安全技术体系

目前，档案信息安全在技术方面主要采用信息加密技术、信息确认技术、访问控制技术、病毒防治技术、审计技术、防写技术等。

（一）信息加密技术

加密是保障信息安全最基本、最经济的技术措施，也是大多数信息防护措施的技术基础。加密的作用是防止敏感的或有密级限制的信息在传输过程中泄密。文件加密所采取的加密算法形形色色。据不完全统计，目前已经公开发表的加密算法多达数百种。电子文件加密的基本过程是：存储或传输前将原先借助相应的软件可以识读的数码序列（称为明文）通过数学变换（加密运算）变成无法识读的“乱码”（称为密文或密码）；利用时再通过数学变换（解密运算）将“乱码”还原成可以识读的数码序列。其中，加密运算和解密运算都是在一组密钥控制下进行的，密钥是控制加密算法和解密算法实现的关键数据。

（二）信息确认技术

信息确认技术是通过一定的技术手段防止文件的内容被非法伪造、篡改和假冒，同时用来确认文件的发出接收过程及利用者身份和权限的合法性。

1. 数字摘要技术

文件的发送者采用某种特定算法（摘要函数算法）对发文进行运算，获得相应的摘要（即验证码），摘要具有这样的性质：如果改变发送文件的内容，即便只是其中一个比特，获得的摘要将发生不可预测的改变。摘要将作为发送文件的一部分附加在文件后一起发出，接收者则利用双方事先约定好的摘要算法对收到的文件做同样运算，并比较运算所得的摘要与随文件发送来的摘要是否一致，以此鉴定收到的文件是否在发送过程中受到篡改。如果摘要函数（相当于前面的密钥）仅为收发文件的双方所知，通过上述报文认证即可达到信息确认的上述四个目标。这种方法的缺点是因收发文双方使用相同的摘要函数。因而，摘要函数本身的安全保密性是一个很大的问题，多次使用的摘要函数一旦被第三者窃获，报文认证便不再安全。

2. 数字签名技术

随着《中华人民共和国电子签名法》的生效，数字签名在法律与技术上走向成熟。数字签名是指数据电文中以电子形式所含、所附用于识别签名人身份并表明签名人认可其中内容的数据,而数据电文是指以电子,光学磁或者类似手段生成、发送、接收或者储存的信息。

从技术上看,数字签名是非对称加密技术的一种,其基本原理类似于上述报文摘要技术。首先,签名者使用签名软件对拟发送的数据电文(电子文件)进行散列函数运算,生成报文摘要;然后,由签名软件使用签名者的私钥对摘要进行加密,加密后的报文摘要附着在电子文件之后,连同签名者从认证机构处获得的认证证书(用以证明其签名来源的合法性和可靠性)一同传送给文件接收者。文件接收者在收到上述信息后,首先使用软件用同样的散列函数算法对传来的电子文件进行运算,生成报文摘要。同时,使用签名者的公钥对传送而来的报文摘要进行解密,将解密后的报文摘要和接收者运算生成的报文摘要进行比较,如果两个摘要一样,就表明接收者成功核实了数字签名。在核实数字签名的同时,接收者的软件还要验证签名者认证证书的真伪,以确保证书是由可信赖的认证机构颁发的。经核实的数字签名向文件的接收者保证了两点:第一文件内容未经改动;第二,信息的确来自签名者。

3.数字水印技术

数字水印类似于传统印刷品上的水印,用以鉴别电子文档的真伪。数字水印技术是日本电气公司于1997年投入使用的技术,它是在传输的文本、图像、音频、视频等电子文件中附加一个几乎抹不掉的印记,无论文件作何种格式变换或处理,其中水印不会变化。该印记在通常状态下隐匿不现,除非用特殊技术检测。一旦这种水印遭到损坏,文件数据也会受到破坏。

上述信息确认技术的实质是,文件发送者将签署信息(加密运算方法)以不可分离的方式与文件内容(而不是纸质文件的载体)“编织”一体,使他人无法在不改变签署信息的前提下改变文件内容,或者相反(就像无法不改变载体而改变纸质文件上的内容一样),而收文者则通过验证其信息内容中的签署信息来证实文件内容的原始性和发文者的真实性。

(三)访问控制技术

访问控制是信息系统安全防范和保护的主要策略,其任务是杜绝对系统内电子文件信息的非法利用和蓄意破坏。访问控制技术种类繁多,且相互交叉,目前主要有以下两类:

1.防火墙

防火墙是设置在被保护文件系统和外部网络之间的一道屏障，以防止发生不可预测的、潜在的、破坏性的侵入，它可通过监测、限制跨越防火墙的数据流，尽可能地对外屏蔽系统内部的信息、结构和运行状况，实现内部网络的安全保护。防火墙可分为外部防火墙和内部防火墙。前者在内部网络和外部网络之间建立一个保护层，以防止黑客的侵袭，挡住外来非法信息，并控制敏感信息被泄露；后者将内部网络分隔成多个局域网，以此控制越权访问。防火墙可以是一个路由器、一台主机，也可以是路由器、主机和相关软件的集合。

2.身份验证

为防止未经授权的用户操作文件管理系统中的各类资源，通常在用户登录或实施某项操作之前，系统将对其身份进行验证，并根据事先的设定来决定是否允许其执行该项操作。验证过程对用户而言就是要提供其本人是谁的证明。身份验证的方法很多，并且不断发展。但其验证对象有三：所知信息（如口令）、所持实物（如智能卡）、所具特征（如指纹、视网膜血管图、语音等）。口令是最普通的手段，但可靠性不高，智能化的口令是系统向被验证者发问的一系列随机性问题，以其回答来验证身份。以指纹、视网膜血管图、声波纹进行识别的可靠性较高，但需要使用指纹机等特征采集设备，代价较大。智能卡技术将逐步成为身份验证技术的首选方案。智能卡是密钥的一种媒体，形状如信用卡，由授权用户持有并由该用户赋予其一个口令或密码字。该密码与内部网络服务器上注册的密码一致。为提高身份验证的可靠性，可将上述三种手段结合起来使用。

（四）病毒防治技术

即使采用防火墙、身份验证和加密技术，文件系统仍然可能遭到病毒的攻击。防治病毒包括两个方面：一是预防，在系统或载体未染毒之前采取有效措施，防止病毒感染；二是杀毒，在确认系统或载体已染毒后彻底将其清除。防毒是根本，杀毒则是补救措施，目前普遍使用的是以特征扫描为基础的杀毒软件。

（五）审计技术

审计技术旨在记录电子文件运行处理的全部过程，抑制非法使用系统的行为。采用审计技术的电子文件管理系统将自动记录下系统运行的全部情况,形成系统日志。系统日志类似于飞机上的黑匣子,是系统运行的记录集,内容包括与数据、程序以及和系统资源相关的全部事件的记录,如机器的使用时间、敏感操作、违纪操作等。审计记录为电子文件真实性的认证提供了最基本的证据,借助系统日志,管理员可以分析出系统运行的情况,追踪事件过程,排除系统故障,侦察恶意事件,维护系统安全,优化对系统资源的使用。系统日志包括哪些内容必须根据文件系统的安全目标和操作环境个别设计。

(六)防写技术

防写技术是保障电子文件内容不被修改所采取的安全技术,其目的是通过技术手段来固定处于静态的电子文件的内容信息。大多数文件管理系统具有将运行其中的文件属性设置为“只读”状态的功能,在“只读”状态下,文件内容只能读取,不能更改,除非具有高级权限的用户来更改文件的“只读”属性。另一个简单的技术手段是将文件内容刻录到CD-R光盘、WORM磁盘等一次性写入存储介质上,这些不可逆式(无法改写已写入的内容)的存储载体有效防止了对静态电子文件内容的改动,保证了电子文件的真实性和完整性。

第四节　人才队伍保障体系

一、人才队伍的素养要求

(一)创新思想观念

观念虽然无形,但是对提升档案信息化人才的决策能力和执行能力具有决定性的作用。为此,需要培育以下七种新思维。

1.开拓思维

树立追求理想、崇尚科技、奋力改革、不断开放、不畏艰险、不甘落后、奋勇拼搏、图存图强的开拓意识,破除守旧、畏难、不作为的落后意识。

2.战略思维

战略是对事业发展全局性、长远性的谋划,战略眼光是大视野,战略目标是大手笔。为此要将档案信息化和社会发展的大趋势,如改革开放、经济繁荣、知识管理、文化传播等紧密联系起来,将社会需求作为档案信息化的目标,形成科学的顶层设计,自上而下积极稳步地组织和推进档案信息化工作,改变过去各自为政、分头重复建设的粗放型发展格局。

3.策略思维

策略是又快又好地实现战略目标的最佳路径。当前针对档案信息化的薄弱环节,应当实行"内合外联"的策略,即对内实行档案技术和信息资源的整合,以整合的实力提升外联的能力;对外实行与外部信息系统的外联,将优质档案信息资源接收进来,辐射出去,使档案信息系统成为社会信息的集散枢纽。

4.人本思维

档案信息系统要真正做到以用户为中心,即以档案利用者和档案工作者应用度、满意度作为信息系统建设的出发点和归属点。为此,信息系统要尽可能满足用户,特别是社会大众的需求,且做到操作简便,界面友好。

5.开放思维

网络化是一个开放的平台,只有开放才能充分发挥网络化的优势。因此,档案信息系统要积极致力于与各种社会信息系统互联互通,无缝对接,在互联中获取更多的数字档案资源,在网络化服务中提升档案工作的社会影响力和认可度。

6.忧患思维

电子档案的存储密集性、传播快捷性、技术依赖性和表现虚拟性,使其失真、失全、失效、失密的风险日益增大,而且数字化带来的灾难往往具有一瞬间、毁灭性的特点。由此,搞档案信息化建设要居安思危,未雨绸缪,警钟长鸣,一手抓技防,一手抓人防,两手都要过硬。①

7.辩证思维

档案信息化会遇到许多矛盾的对立面和统一体,如资金的投入与产出、数据的存入与取出、配置的集中与分散、信息的共享与保密、文件的有纸与无纸、资源的增量与存量等,需要我们用联系的方式和发展的眼光去认识,处理好对立统一的关系,避免非此即彼或顾此失彼的僵化思维方式。

---

①李蕙名,王永莲,莫求. 档案保护学与科技档案管理工作[M]. 沈阳:辽宁大学出版社,2021.

(二)重构知识结构

按照档案信息化的需要,现代档案工作者的知识结构需要作以下补充。

1.信息鉴定知识

信息时代的档案信息在规模上是海量的,在门类上是多维的,在价值上是多元的。档案工作者只有具备电子档案信息内容价值和技术状况的鉴定知识,才能及时、准确地捕捉和收集具有档案价值的信息,并根据其重要程度划定保管期限。

2.科学决策知识

档案信息化迫切需要科学规划。档案工作者只有具备开展调查研究,制定科学战略规划和规划实施方案的能力,才能把握大局,把握方向,登高望远,运筹帷幄,避免走弯路,受损失。

3.宏观管理知识

档案行政是档案信息化的直接动力。档案工作者应当具备组织、指挥档案信息化工作的业务能力,有关档案信息化法规制度、标准、规范的专业知识,以及从档案业务和信息技术的结合上依法行政的执行力。

4.需求分析知识

档案信息系统建设必须以用户为中心,需求为导向。为此,档案工作者应能对档案信息的现在用户和潜在用户、当前需求和未来用户需求、本单位内部需求和社会大众需求,进行全面的、前瞻性的分析,并对档案信息系统的信息需求、功能需求和性能需求进行准确描述和规范表达。

5.系统开发知识

为了实现档案业务和信息技术的完美结合,档案工作者必须全程、深度参与档案管理信息系统开发。为此,档案工作者需要学一点软件工程的理论和软件开发的技术,学会用信息技术的专业语言与信息技术人员进行沟通,准确表达档案工作者对信息系统建设的需求。

6.系统评价知识

评价是系统维护和改进的前提。档案工作者要具备评价档案信息系统质量的能力,能从档案管理和计算机技术的专业角度,评价档案信息系统的间接效益和直接效益,评价系统管理指标、经济指标和性能指标,并能对系统存在的问题提出改进的意见和建议。

（三）提升操作技术

1.信息输入技术

能够采用传统的键盘输入技术，先进的语音、文字、图像识别输入技术，数据导入、导出转储技术，数码摄影、摄像技术，快速、准确地输入文字、图像、声音、视频等信息。

2.信息加工技术

能够采用信息检索工具，从指定的网页、服务器、脱机载体中采集档案信息；按照档案的形式和内容特征进行分类；按照档案的内在联系进行组件、组卷或组盘；采用自动或手工方式对档案进行著录和标引，以及对档案元数据进行采集、封装和管理。

3.信息保护技术

熟悉或掌握数据库管理、数据组织、数据迁移、数据加密、数字签名、脱机存储、网络访问数据控制以及维护电子档案真实性、完整性、有效性和安全性等技术。

4.信息处理技术

熟悉或掌握文本编辑、图像处理、视频编辑、文件格式转换、数据下载或上传等技术。了解或掌握档案多媒体编研技术，能围绕特定主题，将编研素材编辑制作出档案编研成果。

5.信息查询技术

能够按照用户查档要求，正确选择检索项、关键词、主题词、分类号，并正确组织检索表达式，对在线或离线保存的文本、超文本全文信息进行检索，并对检索结果进行打印、下载、排序、转发等处理。

6.信息传输技术

包括采用电子邮件、短信、微博、微信等手段接收和传播文本、图像、声音、视频等各类档案信息。

（四）优化队伍结构

档案信息化建设的人才队伍至少需要以下四种类型的专业人才，特别需要兼备两种以上特质的跨界复合型人才。

1.研究型人才

档案信息化需要科学的理论指导，没有理论指导的实践是盲目的实践，脱离实践的理论是空洞的理论。研究型人才是理论的探索者和实践的导向者,其主要责任是:研究档案信息系统建设的理论;探索电子文件归档管理和电子档案科学保管、远程利用的方法;研究新技术、新方法在档案领域的应用;研究、开发先进、适用的档案信息管理软件;提出电子文件和数字档案管理的标准规范;主持或参与档案信息化科研工作;从理论和实践的结合上指导档案信息化工作的开展;培养档案信息化建设人才。目前,档案信息化研究者主要由档案信息化工作者和高校师生构成,他们有各自的优势,却又各自存在理论与实践方面的不足。最好是两方面研究者进行强强联合,优势互补,促进理论和实践的紧密结合和良性互动。

2.管理型人才

档案信息化是复杂的系统工程,需要实行严格的目标管理和精细的过程控制。管理型人才的主要责任是:掌握国内外档案信息化建设的现状、经验教训、发展趋势;制定切实可行的档案信息化战略规划和实施方案;制定相关的管理办法和标准;组织、指挥、督促、指导本地区及本单位的档案信息化工作;协调档案信息化建设和其他外部信息系统建设之间的关系;培养和使用档案信息化人才资源;有效筹集和合理使用信息化建设资金等。目前,各机构的档案信息化管理职能多数由档案管理人员担任,他们具有传统档案管理的理论知识和实践经验,但是往往缺乏信息化知识和技能,又由于公务繁忙,缺乏接受信息技术继续教育的机会,可能造成档案信息化管理上的缺位或错位。由此,亟待通过各种途径,提高现有档案行政干部的信息化素养。

3.操作型人才

档案信息化涉及的环节多、操作性强,需要一大批既懂档案管理业务,又熟悉计算机操作技能的操作型人才。这类人才的主要责任是应用计算机网络技术,从事档案数据积累、归档、组卷(组件)、分类、编目、扫描、保管、鉴定检索、数据备份等操作,他们的工作重复枯燥,容易因疲劳、烦躁而出差错。而他们的工作责任心和操作能力,直接关系档案信息资源的安全、质量和价值。对他们的素质要求是具备强烈的信息安全意识、高度的工作责任心和熟练的操作技能。例如,纸质档案扫描,只要求掌握规范的操作流程和方法以及必要的图像处理技术。操作型人才的培养需要短期的突击培训,而更主要靠在实践中锻炼成才。

4.其他型人才

(1)法律人才

档案信息化建设,特别是网站建设,可能涉及保密、隐私保护、知识产权、合同管理、网络安全等法律问题,需要具有相关法律知识的人才提供法律支持。

(2)外语人才

外资、中外合资企业的档案信息系统和档案信息资源往往涉及大量的外文,需要外语人才。

(3)数据库管理人才

数据库定义、运行维护、资源配置、权限设置、数据迁移等都需要数据库管理的专业知识,此项工作往往由本单位信息技术人员担任,如果数据库服务器设在档案部门的,档案部门也需要配备这样的专业人才。

(4)多媒体编研人才

如果本单位需要大量从事多媒体档案编研工作的,则需要配备必要的多媒体档案编研人才,以便从事对多媒体档案收集、整理和编辑工作。

二、人才队伍建设的策略

(一)预测与规划

人才的引进与培养不可能一蹴而就。特别是从档案队伍中培养信息化人才需要较长的时间。为此,各单位要按照本单位、本行业档案信息化长远规划和可行条件,分析人才总量、结构、分布与需求的差距,对人才需要进行前瞻性预测,对人才引进和培养方式进行决策,然后有步骤地引进和培养人才。规划要综合考虑到人才的知识结构、技能结构和类型结构。

(二)组织与管理

1.加强人才队伍建设工作

各机构要真正树立起科技是第一生产力和人才是第一资源的意识,把档案信息化人才队伍建设工作摆上重要议事日程,定期讨论研究,解决人才配备、培养、使用中遇到的难题。

2.加强人才资源的行政管理

人力资源管理人员要注重发现有潜质的人才,将他们安排在适当的岗位,为他们提供施展才华的舞台;要培养人才的创业精神和实践能力,对在信息化建设中作出贡献者给予必要的奖励；要提供必要的工作条件，保障经费，加强对信息化人员的继续教育和岗位培训，提高他们的综合素质、服务意识和档案信息安全意识；要重视对人才理论、人才成长规律和管理规律的研究，学习借鉴国外人才资源开发的经验。

3.加强督促检查，狠抓落实

定期对档案信息化人才队伍建设情况进行调查研究、督促检查。建立一套符合人才成长规律的工作制度和人才成长的良好氛围，为建设素质优良、结构合理、队伍稳定、技术精湛、经验丰富并具有敬业精神的档案信息化人才队伍提供各种支持条件。

（三）培养与使用

1.人才培养途径

（1）对现有档案人员的教育与培训

加强档案业务人员培训是解决档案信息化建设所需人才的主要措施，是提高现有档案人员信息化能力和技能的主要途径。

（2）引进人才

档案信息化建设需要的信息技术、信息管理专业人才，很难在短时期内从档案工作者中培养。为了满足急用之需，需要从社会上引进IT人才。引进的人才一定要综合素质高，事业心、责任心强，信息技术能力强，团队协作意识强。为此，在引进人才时要严格审核，特别要考察其解决实际问题的能力，避免盲目引进。对引进的IT人才，要尽快使其掌握档案理论和业务知识。

（3）短期聘用人才

IT人才也分各种层次和专长，他们适用于档案信息化建设的各个阶段和岗位，如系统分析员适用于系统建设的前期阶段。该阶段结束后，就不需要系统分析员了。因此，档案信息化建设中涉及的一些高级技术人才和纯技术性工作的人才，可以用外包、合作或聘用的办法加以解决。档案信息化建设所需要的法律人才、外语人才、多媒体编研人才、数据库管理人才、系统维护人才，也都可采取这种方式解决。

2.人才培养方式

人才培养的方式应当是多层次的。高等院校是档案信息化专业人才的培养基地，具有较强的师资力量、较高的科研水平和完备的教学设施，是我国档案人才培养的骨干和主体。目前,全国有档案学专业的高等院校35所,设立档案学专业硕士点的高校28所,每年培养档案学专业人才千余名。然而,这些院校现有的教学规模仍不能满足档案信息化人才发展的需要,而且单纯的学历教育难以满足档案信息化实践的需要。因此,必须通过继续教育、岗位培训、专题短训等方式,对具有档案专业背景和信息技术背景的人才,按照“缺什么,补什么”的原则,进行各种专业知识和技能的突击培训,完善人才的知识结构,以解决档案部门复合型人才缺乏的燃眉之急。

3.人才的使用

档案信息化建设要想吸引人才,留住人才,调动人才为档案事业奉献的自觉性和主动性,就需要制定相应的人才吸引政策;关注和解决档案信息化人才的切身利益;给人才安排适当的岗位,使其发挥专长;给人才提供继续教育和实现自身价值的机会,真正做到以“事业留人”“感情留人”“适当的待遇留人”,真正做到人尽其才,才尽其用。

第五节　信息技术保障体系

一、新一轮信息技术发展的“四化”

(一)移动化

笔记本电脑、智能手机、移动电视、平板电脑以及各种电子阅读器的迅速普及,加上各种无线、宽带互联技术的迅猛发展,使包括多媒体在内的各种信息的处理、传播具有更强的移动性、便捷性、普及性。

(二)融合化

融合化的标志是移动通信、有线电视和互联网三网融合,手机、电视机和计算机三机合一。主流网络和先进终端设备的融合,加上移动4G、5G和无线宽带技术的普及,以及包括多媒体、高清数码压缩媒体播放器等影像技术的飞速发展,使人们可以利用碎片时间上网工作、学习、交友、娱乐,从而使网络使用更加人性化、私密化、娱乐化、交互化、移动化,也使各种大容量高清多媒体信息被移动、流畅地浏览,跨越时空,进一步深入社会各领域,改变人类的生活方式。推而广之,目前新兴的信息技术,包括云计算、大数据、物联网等都是融合技术,“互联网+”讲究的也是融合。档案信息化要密切关注和应用新兴信息技术的融合优势。

(三)虚拟化

虚拟技术是利用计算机模拟某种时空环境,使人们在虚拟环境中感受真实环境,从而省却了置身真实环境所需的资金投入或安全风险。如虚拟终端技术可将某应用软件推送到各台低配置的终端机上,终端机只需要浏览器,不用下载和安装软件,即可享用千姿百态的网络资源。目前,虚拟终端、虚拟服务器、虚拟存储、虚拟桌面等技术迅猛发展,随着云技术的普及应用,虚拟技术与商业运作模式结合起来,必将迅速拓展到社会生活的各个方面。在档案信息化中,虚拟档案馆、虚拟档案室的应用将使数字档案馆、数字档案室建设向更加专业化、规模化、集成化和高效化方向发展,使未来档案信息系统以更低的成本和风险以及更高的质量和效率运作。

(四)依存化

未来信息技术的应用都不是异军突起、孤军作战,各种新技术必将更紧密地相互依存、集成,优势互补,浑然天成,如云技术就融合了网格技术、虚拟技术、分布技术、资源均衡技术等。同时,新技术的应用将更加依赖运行的环境体系,如云技术应用就需要依靠法制化、规范化的商业运作模式。由此,对各种信息技术的综合化、集成化应用,以及在新技术应用中各种保障措施的及时配套跟进,将考验档案行业驾驭信息技术的能力和智慧。[①]

二、信息技术新发展对档案信息化的影响

(一)图像采集与识别技术

为了适应多媒体和全媒体技术的飞速发展,近年来计算机图像采集与识别技术日新月异。

1.图像采集技术

包括数码摄影、摄像、扫描等图像采集设备的功能日益强大,使用日益便捷,由此催生了海量的、高质量的图像信息。一方面,使多媒体档案的收集、整理、保管、保护面临巨大的压力和难题。另一方面,使档案资源增添大

①闫新. 档案信息服务保障体系研究[D]. 哈尔滨:黑龙江大学,2018.

量生动直观的优质信息资源，弥补了传统文字档案可视化不足的缺陷。

2. 识别技术

包括生物识别、图像识别、磁卡识别，电子标签（即射频识别技术，简称RFID）等识别技术的日益成熟和成本下降，为档案信息化的应用创造了充分的条件，在辅助档案实体的档案进出库登记、借阅登记、归还登记、入库档案清点、档案库房安全管理等方面有广阔的应用前景。

3. 手机二维码技术

该技术已经广泛应用于社会各领域，也可用于档案用户身份识别、文件防伪和网站快速定位等，显著提高档案信息主动推送和档案网站快速访问的效率，进一步促进档案事业的社会化。

4. 光学字符识别（OCR）

该技术使图像信息迅速转换为文字信息，便于将目前大量扫描形成的图像档案文件转换为档案大数据，便于当代大数据技术的应用，为档案的内容管理和全文检索奠定宝贵的基础。

（二）存储技术

随着数字信息存储技术的飞速发展，涌现出存储区域网络、网络附属存储、云存储、固态硬盘、存储卡、磁盘阵列、磁带库、光盘、光盘塔、光盘库等新型存储技术和存储设备。

1. 海量化存储技术

存储海量化、载体密集化、存取快捷化，一方面更有利于发挥大数据电子文件存储密集、传播方便的优势，有利于大容量多媒体电子档案的长期保存；另一方面也增加了电子档案信息失窃、失落、失真、失密的风险，使电子文件安全保管面临更大的挑战。

2. 集群存储技术

多台服务器“团队作业”的集群存储技术能显著提高档案信息系统的快捷性、稳定性和灵活性，有利于大数据档案的安全存储、高效处理和广泛共享。

3. 自动采集元数据技术

如今计算机的各种移动终端都可以为我们的操作行为自动留痕。手机和相机的摄影、摄像都可以自动记录拍摄的日期、位置（GPS信号）、版权等元数据，有效地保护、管理和利用这些信息，可以使电子文件元数据管理真正从理论探索走向实践，显著增强电子文件的真实性、完整性、有效性和还原历史的能力，由此确保电子文件的档案价值。

4. 固态硬盘技术

该技术的普及将使信息存储更加稳定、处理更加快捷，也使移动终端更加轻便省电。这将有利于档案数字化信息的长期保存和保护，同时也将加速档案服务终端的移动化进程。

（三）检索技术

检索技术包括搜索引擎、网络机器人、智能检索、图像检索等。

1. 检索功能智能化

使计算机对自然语言（如关键词）的检索具有一定的语义推理、扩检能力，可显著提高查全率和查准率并方便用户将其广泛应用于档案检索。

2. 检索条件图像化

将过去的通过文字检索转变为通过图像检索，如指纹、照片检索，从而显著提高影像档案的检索能力，给检索手段带来革命性的变化。

3. 检索服务简单化

使各种移动终端和搜索引擎的使用更加“傻瓜化”，从而使检索服务更加人性化，如检索后提供自动摘要、自动跟踪、自动漫游、机器翻译、动态链接等，网络机器人技术可以对特定的检索需求进行定制，自动挖掘互联网信息。

4. 检索领域多样化

可提供多语种、多媒体服务，还能提供政治、军事、金融、文化、历史、健康、旅游等各种专题的个性化服务，这些都能使档案检索系统的设计更好地面向用户，深入满足大众的各种档案需求。

（四）移动终端技术

移动终端技术包括4G通信技术、移动电视、平板电脑、电子阅读器技术等。基于4G通信的移动技术，使过去的移动脱机终端向移动互联网终端发展，可将任何公开的档案信息在任何时候提供给任何地点的档案用户，使档案利用彻底打破时空障碍。智能手机、平板电脑、电子阅读器等性价比迅速提升，使档案的远程移动检索成为可能。智能终端操作系统及应用技术迅猛发展，为档案信息采集、处理、编辑、利用、传播提供了丰富的功能，也为档案事业发展提供有力的技术支持。人机交互技术日益更新，包括触屏技术、语音处理技术、体感动作识别技术等使移动终端的用户界面更加友好，吸引越来越多的档案用户，进一步扩大档案工作的社会影响。

（五）融合技术

融合技术包括三网融合、三机合一和物联网技术。三网融合是指电信网、广播电视网、互联网三类网络的融合。三机合一是指电视机、电脑、手机三类终端之间的信息互连，功能优势互补。三网融合是三机合一的基础。物联网是物物相连的互联网，其核心和基础仍然是互联网，然而通过识别器、传感器控制器等技术，形成人与物、物与物之间相连。

（六）影像技术

影像技术包括数码相机摄像机、多媒体、流媒体、3D展示、数码压缩、触摸屏等技术。影像清晰度的日益提高，使多媒体档案的记录质量和利用价值进一步提升，为档案的编研和社会服务开辟新的领域，同时也使影像档案存储更加海量化，对档案的收集、整理和长期有效保存提出了新的挑战，并对档案存储密度和档案信息传输的带宽提出了更高的要求。流媒体、媒体播放器和数码压缩技术的日益发展，将使多媒体档案的网络传播速度更高，编辑效率也更高，终端播放更加流畅。多媒体编辑工具的功能日益强大，并向移动终端延伸，为档案多媒体编研技术的普及创造了条件，也将促进档案多媒体编研工作的广泛开展。3D展示技术提供了档案虚拟展览手段，在档案信息的网络展览和社会化传播方面将有广阔的用武之地。

（七）安全技术

安全技术包括数字签名、数字印章、数字加密、防火墙技术、备份技术等。档案信息系统安全防护技术将借助先进的管理平台成为一个有机组合的整体，而不是仅依靠单一的安全防护产品，头痛医头，脚痛医脚。档案信息系统可采用动态、主动的安全技术，如应急响应、攻击取证、攻击陷阱、攻击追踪定位、入侵容忍、自动备份、自动恢复等防御网络攻击。

三、大数据技术在档案信息化中的应用

（一）大数据概念探析

大数据从出现至今，一直都是全社会关注的焦点，至今仍无公认的定

义。对于大数据,可以从资源、技术、应用三个层次理解,“大数据是具有体量大、结构多样、时效性强等特征的数据;处理大数据需采用新型计算架构和智能算法等新技术;大数据的应用强调以新的理念应用于辅助决策、发现新的知识,更强调在线闭环的业务流程优化”。大数据不仅“大”,而且“新”,是新资源、新工具和新应用的综合体。

(二)大数据关键技术

从数据在信息系统中的生命周期来看,大数据从数据源经过分析挖掘到最终获得价值一般需要经过五个主要环节,包括数据准备、数据存储与管理、计算处理、数据分析和知识展现。对于数据准备环节和知识展现环节来说,大数据所带来的变化只体现在量上,而对于数据分析、计算和存储三个环节则有较大影响,需要重构技术架构和算法,而这也将成为当前和未来一段时间内大数据技术创新的焦点。

1.数据准备环节

大数据数量庞大、格式多样,质量也良莠不齐,因此在数据准备环节必须对其进行格式的规范化处理,为后续的存储与管理奠定基础。此外,要在尽可能保留原有语义的情况下去粗取精,消除数据噪声。

2.数据存储与管理环节

当前全球数据量以50%的速度不断增长,数据的海量化和快增长特征是大数据对存储技术提出的首要挑战。

格式多样化是大数据的主要特征之一,因此大数据存储管理系统必须满足对各种非结构化数据进行高效管理的需求,非关系型数据库(NoSQL、NotonlySQL)应运而生。未来,大数据的存储管理技术将进一步把关系型数据库的操作便捷性特点和非关系型数据库灵活性特点结合起来,研发新的融合型存储管理技术。

3.计算处理环节

大数据的计算是数据密集型计算,对计算单元和存储单元间的数据吞吐率要求极高,对性价比和扩展性的要求也非常高,分布式并行计算技术弥补了传统并行计算系统在速度、可扩展性和成本上的不足,适应大数据计算分析的新需求。

4.数据分析环节

数据分析环节是大数据价值挖掘的关键。目前,大数据分析主要有两条技术路线:其一是凭借先验知识人工建立数学模型分析数据;其二则是通过建立人工智能系统,使用大量样本数据进行训练,让机器代替人工,获得从数据中提取知识的能力。人工智能和机器学习能够更好地适应当前的大数据环境,具有良好的前景。

5.知识展现环节

在大数据服务与决策支持场景下,以直观的方式将分析结果呈现给用户,是大数据分析的重要环节。如何让分析结果易于理解是主要挑战。但是在嵌入多业务的闭环大数据应用中,一般是由机器根据算法直接应用分析结果而无须人工干预,这种场景下知识展现环节则不是必需的。

(三)大数据对档案信息化的保障

1.档案数据高效存储保障

目前,馆藏数字档案量已经从TB级别跃升至PB级别,仅以"十一五"末我国馆藏档案总量的统计看,已经达到近4亿卷,每卷平均约3厘米厚。与此同时,科技进步衍生出的数据呈现出了分布式和异构性特点,需要归档的数字资源繁多,包含结构化、非结构化和半结构化数据。非结构化数据,如文本图片、各类表格、图像和音视频等,半结构化数据,如Email、HTML文档等,都不便于使用关系数据库二维逻辑表来表现。

大数据存储方法有很多种,如Hadoop、NoSQL,都具有一些共同的特点,即利用硬件的优势,使用可扩展的、并行的处理技术,采用非关系模型存储处理非结构化和半结构化的数据,并对大数据运用高级分析和可视化技术。

2.档案数据价值挖掘保障

大数据时代带来新的技术,为档案工作者提供解决问题的方式。档案工作者可以采用大数据技术,在海量档案数据中发现关联,从不同角度对其进行聚类和分类,以多维度、多层次的方式展现档案数据,将非结构化数据转换为结构化、半结构化数据,从而使用户更准确、更容易获得档案信息。必要时,还可以通过可视化技术形成图形图像,直观地展示最终结果。从海量数据中分析潜在的知识决定着大数据时代档案工作的发展水平及方向,这也意味着大数据时代,档案工作的重心将向档案资源的数据分析数据挖掘方向转移。

3.档案数据高效利用保障

档案工作的目的是提供利用。大数据时代下的档案工作服务讲求时效性和便捷性，基于大数据技术可为实现网络信息服务的智能化、个性化、精品化提供支持工具。依托互联网技术，全方位地实现档案信息智能检索服务、档案信息决策服务及档案信息跟踪与推送服务。利用这些技术手段，彻底颠覆传统档案分类在档案管理中存在的诸多弊端，将档案事业发展推向又一个全新的高度。

第五章　档案信息化管理体系研究

第一节　资源聚集体系建设研究

一、拓宽档案资源的收集类别

从纸质档案到档案信息化再到大数据时代，档案资源的数量一直呈指数级飙升，档案资源的种类也从纸质到电子，从结构化到半结构化、非结构化转变。随着时代的发展，档案搜集的类别范围也因为档案载体不一、结构各异而发生了改变。信息化社会，纸质档案越来越少，但是它承载的社会记忆和显现的价值意义不会因为数量的减少而褪色和降低，即使在大数据时代或者以后更远的未来，档案收集也不能忽视了纸质档案等传统档案这个大群体的存在。

结构化、非结构化、半结构化电子档案成为档案收集的主流。电子档案是信息化时代的产物，生成于数字化设备环境中，存储于电脑、磁盘、光盘等载体里，依赖计算机等数字设备阅读、处理，可在网络上传送。大数据时代，档案资源观正从传统狭隘的定义向大档案观转变，档案部门在进行馆藏纸质档案数字化、接收档案文件电子化的同时，要有意识地收集更多类别广、形式多、价值大的数据资源。网络的发展产生了更多、更复杂的数据种类，包括结构化数据、非结构化数据和半结构化数据。结构化数据如数字、符号、关系型数据库等，非结构化数据如文本、图片、表格、图像、声音、影视、超媒体等，半结构化数据如Email、HTML文档等，都是大数据时代档案收集的主要对象。

二、完善档案资源的建设主体

(一)档案部门要善于与档案形成者合作

首先，我国各级各类党和政府机构、企事业单位等是国有档案资源的形成者，他们在日常工作事务中不断地产生文件材料，这些文件材料处理完毕后要进行整理归档，档案部门的主要职责也是为党和政府机构、企事业单位管理档案事务，他们要按照规定及时向档案馆移交档案。因此，对档案部门来说，对党和政府机构、企事业单位以档案的收集相对比较容易。其次，越来越多的家庭、个人意识到档案的重要性，纷纷开始建立家庭档案、个人档案，他们是私人所有档案的形成者。此外，国家还要求领导干部建立领导干部个人档案、廉政档案，社会名人可以建立名人档案等，他们组成了档案资源形成的特殊群体。

（二）档案部门要善于与档案整理者合作

大数据时代，档案部门要学会利用社会力量和网络力量来完成档案资源的整理工作。国家规范并支持社会力量参与档案事务，允许政府可以通过合同、委托等方式向社会购买档案服务，政府以外包的方式将档案工作交给业务能力高度专业化的档案中介机构、专业机构。档案中介机构合法合规参与档案事务服务，帮助档案部门规范档案资源整理工作。档案部门还可以利用网络人力资源，通过众包模式集聚档案资源。[①]

（三）档案部门要善于与档案利用者合作

档案利用者虽然不直接产生档案资源，但是他们利用档案的行为及结果所留下的痕迹成就了一部分档案资源体系的建设。大数据时代，档案利用者通过网络进行的档案查询、检索、咨询等一系列行为，都成为信息记录，档案工作者可以从用户的利用轨迹中发现新的信息点，找到信息与用户之间的关系，或是用户需要的，或是用户感兴趣的，通过信息点去收集与之相关的内容，大数据时代，档案部门不用再去理会信息的因果关系，要关注是什么而不是为什么。

（四）档案部门要善于与档案保存者合作

档案保存者是档案资源的最终归属者，拥有最集中的档案资源。大数据时代，存储在档案馆、档案室的档案资源和互联网公司、数据分析公司拥有的数据资源总量相比，简直九牛一毛。互联网的发展带来了无穷无尽的数据，数据的泛滥和混乱催生出数据分析公司来开发利用数据，所以说到

---

①胡元潮．档案管理理论与实践 浙江省基层档案工作者论文集[M]．杭州：浙江工商大学出版社，2021.

底，数据分析公司拥有最多、最大的数据。阿里巴巴集团就提出要为政府网站的信息提供云存储服务，为国家保存档案，一方面，阿里巴巴的公司团队有着高水平的大数据处理人才和技术，从数据的采集、处理到存储都能提供一套流程完整的服务；更重要的是，阿里巴巴集团保存着大、多、全的社会信息资源，政府应该巧妙利用资源。

三、改变档案资源采集方式

积极开展接收和征集工作是传统档案资源的采集方式，档案部门以丰富馆藏为目标，依法做好到期应进馆档案接收工作。大数据时代，档案资源的采集不能光是坐等人来，网络资源的实时变化、档案形成者的大众化都需要档案部门改变档案资源采集方式，达到收集到数量更多和质量更好的档案资源的目的。

（一）网络资源的主动抓取

对于网络资源要通过主动抓取的方式进行采集归档。网络资源数量多、更新快，重要信息和垃圾信息都是一闪而过，而且垃圾信息占大多数，一旦错过重要信息就会被海量信息淹没，再要找回得花费大力气。实时监控网络动态信息，采取主动出击策略选择重要网络资源归档，完成网络资源的主动抓取任务。同时，档案部门要引导并培养网民重要信息归档意识，争取从网民手中获取更有价值的档案资源。

（二）用户实时推送归档

形成档案的用户，过去是依法定期按时归档，且大多是针对党政机关部门而言的，要求次年六月以前完成前一年的档案归档工作。大数据时代，党政机关部门不再需要全年度工作完全处理完毕后，文件材料才一起归档，通过档案管理内部平台系统就可以将当下办理完毕的文件材料及时推送到平台，档案室的档案员随时接到推送消息后就可以依据文件的结构和问题等内容对其进行分类预归档保存，确认这类型档案不再产生新的文件材料加入进来，对之前的预归档文件整理完毕后就完成了档案的最终归档保存工作。

四、科学整合档案资源

（一）推进存量数字化、增量电子化战略

一是要以存量数字化的要求极力推进传统载体档案数字化，尤其是对

纸质档案要加快数字化进程，查阅时用数字化档案代替原件利用，保护并尽量延长纸质档案寿命；二是要以增量电子化为任务对归档、接收进馆档案要求全面实行原生电子文件形式，新形成的电子文件及时归档保存，并按时接收进档案馆保护。大数据时代，档案部门要严格要求党政机关单位对归档文件实施电子化管理，从源头上保证数字档案信息的真实、完整、可用；接收档案以电子化版本为主，在范围上多注重民生电子形式档案的接收，在种类上多收集多媒体、数据库、网页等形式的档案资源。

（二）优化资源结构

档案资源的底层化、碎片化，各种档案资源散落在互不连通的数据库中，成为一座座“信息孤岛”，如何连通这些孤立的数据库，将分散的档案资源集中起来，实现档案资源的优化整合，发挥出档案资源最大价值，是大数据时代档案管理的一个重要挑战。档案部门没有能力对所有的档案资源兼容并包，需要和不同的群体合作，一是档案部门系统内部之间的互联，二是与文化馆、图书馆等相关学科之间的互助，三是和网络商、数据开发公司的互通，最重要的是档案部门要与社会进行资源、技术、人才方面的交流合作，搜集更多的资源、运用更强的技术、借助更专业的人才实现档案资源的最优化。同时，档案部门还可以利用云计算技术，借助互联网的计算方式，将全国的档案资源进行整合，形成“中国档案云”，完成档案资源的优化整合，充分发挥档案资源的集聚效应。

第二节　档案利用服务体系研究

一、加速档案资源开放进程

大数据时代，档案部门一方面面临着与社会散落的档案资源进行激烈争夺的局势；另一方面，随着《政府信息公开条例》的实施，国家积极稳妥地推进政府信息公开工作，依法保障公民、法人和其他社会组织获取政府信息的权利，这种权利的开放使得公民对信息的知情权要求更高，他们希望获得更多、更有效的信息，档案资源加速流动与开放成为必然结果。档案部门对档案资源的开发应遵循以“公开为原则，不公开为例外”，及时公开超过保管期限的秘密档案，尽量做到“应开尽开，保障秘密档案的安全”。

档案资源开放，不仅有利于推进政府信息公开制度的实施，优化办事流程、提升工作效率，保障公民对信息的知情权、参与权与表达权；更重要的是，档案资源在全社会自由流动开来后，经历从守旧封闭到创新开放，为社会奉献丰富多彩、足量多金的信息，有助于跨越档案部门和其他政府部门之间的信息鸿沟，助力城市记忆工程和智慧城市的建设。

二、创新档案服务理念

（一）人性化服务

人性化服务就是在档案服务中体现“以人为本”思想，以用户第一为原则，给用户提供平等获取信息的权利，服务过程中表现良好的服务态度，把自己当作服务生，面对用户热心、耐心、细心、专心，尤其是基层档案部门经常要服务一些农民老百姓，对他们的利益诉求要认真倾听，服务要热情周到。①

（二）个性化服务

个性化服务是档案部门对档案利用者需求提供精确性匹配的服务。大数据时代信息受众分类更加明确，用户的利用需求发生改变，追求个性化服务，享受不受时空限制方便快捷获取所需，档案部门要对用户的利用需求、行为方式等细节进行收集、追踪和分析，预测出他们需要的内容，以参考、定制等方式推送给用户。

（三）智能化服务

智能化服务是档案服务的最高技术水平。大数据时代更注重技术的运用，档案服务技术水平也要提高，档案部门要有智能化的档案数据处理系统，能够快速完成数据分析任务，智能抓取有效信息，提供便捷服务通道，这不仅有助于档案部门发现隐性知识，还有利于从档案服务向知识服务跨越，实现档案知识的顺畅流通与广泛传播。

（四）知识化服务

知识化服务是一种基于网络环境下的开放式的服务，是档案服务发展的趋势和方向。档案知识化服务应以知识管理理念为指导，以档案资源为

---

①虞浩．密切协作　联动配合　开创档案利用服务新模式[J]．四川档案，2022(06)：64.

核心，以大数据技术为支点，以档案知识挖掘为重点，以档案知识应用和知识创新为目标来构建档案知识服务体系，完成知识提供与检索、知识整合与加工、知识共享与交流的一体化服务。

三、拓展档案服务途径

（一）微服务

微服务主要指以微博、微信等新媒体为载体即时传播信息的服务形式。微博即一句话博客，是一个基于用户关系信息分享、传播、交流及获取的社交网络平台，主要涉及信息发布、网络营销、政府管理及个人交流等方面，是中国网民上网的主要社交网络平台之一。

微信是一个为智能终端提供即时通信服务的免费应用程序，通过网络快速发送短信、语音、视频、图片和文字，微信公众平台的订阅号和服务号就是为微信用户提供公共信息、咨询和服务的平台。档案部门或档案学人通过开通微博、微信可以传达档案信息和传送服务项目，向社会公众提供方便快捷的档案服务，拉近档案与大众的距离，拓宽档案信息服务的范围，提高档案信息服务的效率，还可以交流互动、共享信息、加强协作，为社会提供更好的档案服务。

（二）远程服务

远程服务指利用通信手段实现不同地域之间的实时人工服务方式。远程服务具有方便快捷、节约成本、服务对象没有地域限制、服务可集中化管理的特点和优势，非常适合大数据时代的网络档案服务。档案信息远程服务以数字化的信息资源为基础，依靠科学技术，通过网站、电子邮件或实时交互的形式，向用户提供远距离档案信息咨询和服务。档案部门要在加强档案资源建设的同时，加快采用信息技术，充分利用网络优势，建设好覆盖广、内容全、检索快的档案远程利用服务平台。

（三）云服务

云服务指通过网络以按需、易扩展的方式获得所需服务，它是一种基于互联网的相关服务的增加、使用和交付模式，涉及通过互联网来提供动态易扩展且经常是虚拟化的资源。档案云服务是以云计算技术为基础，以云存储资源为保障，将分散的档案信息通过云平台组织构建起来形成服务云，借助这些云平台强大的计算能力和低成本、高安全性等特性来提高国家档案信息资源共享效率的一种档案信息资源服务模式。国家档案局开展的“中国档案云”项目就是致力于打造国家级开放的档案信息资源共享利用系统，它以云数据存储技术为依托，覆盖全国各级各类档案馆，为社会公众提供开放档案信息查询利用服务的专业化平台，将成为互联网用户访问全国开放档案资源的统一门户，提供一站式全方位服务。

第三节　档案安全体系研究

一、物理防护

物理防护是档案安全的基础性保证。档案建筑是承载档案的载体，是守卫档案安全的第一道屏障。档案部门在加快档案馆建设时要把建筑的安全摆在首位，改善入馆档案的保管保护条件。

国家综合档案馆是统一保管党和政府机关档案的部门，是永久保管档案的基地。各级国家综合档案馆依法集中接收、管理本级党政机关、企事业单位、社会组织的档案和政府公报等政府公开信息，是国家宝藏的储存场所，档案馆建筑安全的重要性不言而喻。因此，档案馆的建设要遵循科学选址、标准设计的原则，在设计之前要对选址进行安全评估，避开自然灾害多发的危险地段，如地震带、洪涝多发区、山区；建筑的质量是保障档案安全的另一个重要方面，档案馆要依照《档案馆建设标准》和《档案馆建筑设计规范》等规范楼堂馆所建筑建设文件，把档案馆建设成质量可靠、面积达标、设施完善、功能齐全、安全保密、服务便捷、节能环保的现代化档案保管基地，为档案筑起“安全巢”，不让每一份档案无藏身之所，不让每一份档案身处危险之地，切实消除“无库馆”“危房馆”现象。

二、人防战略

（一）完善档案安全责任到人制度

安全管理主要是控制风险降低损失，档案安全管理制度能够有效预防、及时处理和妥善解决档案工作中的突发事件，维护档案工作正常秩序。首先，要健全档案安全责任制，单位一把手要掌控全局，对档案安全全权负总责,责任细分到各科室个人头上,尤其是要对信息化科室严加要求,形成“档案安全人人有责”的氛围;其次,要健全档案安全应急管理制度,档案部门应急管理是档案安全管理的第一步,事关档案安危存亡,档案部门要严阵以待,成立以单位一把手为首的档案安全领导小组,领导全体档案工作者对档案工作八大环节的每一个环节可能存在的安全风险和可能出现的安全纰漏进行大胆预测、小心分析、深入研究,从而得出结论,形成与工作环节相对应的档案安全应急管理制度以指导工作。最后,在大数据时代,需要重点加强对档案信息的安全管理,制定档案机密信息保护制度、档案信息安全审计制度、档案信息安全共享制度等,从制度上防范档案安全风险。①

(二)建设档案大数据人才专业队伍

大数据时代对档案管理人才队伍的建设与管理提出了更高要求。一是专业知识素养。档案管理是一门专业性和实践性很强的工作,大数据时代聘任需要具有真才实学的档案学专业学科背景的人才,他们扎实的档案理论基础知识和过硬的档案业务实践能力,懂管理、精业务,能打开档案事业发展的格局,带领档案事业向前发展。新时代对档案人才的综合素质要求更高,不能只专其一,需要通过教育培训和自学不断提升工作能力,学习跨学科领域的综合知识,如计算机知识、互联网知识、大数据知识、产权保护知识等。二是重人重岗重责。档案部门要安排高度认真负责的人员从事档案工作重要岗位,各单位档案室要安排在编人员从事档案工作,一方面,使他们对档案工作更加专业、对工作更加敬业;另一方面,是防止因人员流动发生档案丢失泄密事件。

三、技术防御

技术防御是档案安全的关键手段。档案部门要借助大数据时代的信息技术优势,建立档案信息管理系统安全保密防护体系和实行重要档案异地异质备份保存来维护档案安全。

(一)建立档案信息系统安全保密防护体系

对接收进馆的电子档案进行严格审查,检验电子档案的存储载体及内容,从源头上把关;严格检验电子档案的存储的应用系统、计算机、网络等软件设备的安全等级,确保电子档案长期存储安全系数;加快档案数字化工

①刘娇. 创新管理手段完善企业档案保密安全工作[J]. 办公室业务,2022(24):89—91.

作，有能力的单位最好自己独自完成档案数字化工作，没条件的单位可以借助社会力量的参与，但严格审查档案数字化外包管理中介资质，选择合法、规范、可信度高的外包公司，做好服务外包工作的安全检查，并对数字化工作的全过程进行视频监控，杜绝外包单位盗取档案信息；对上网共享档案进行严格审查，依据国家秘密的信息系统分级保护要求，严防文件、档案在传输过程中被泄密，保护档案用户个人隐私不被侵害。

（二）建设档案大数据存储备份中心

档案数据库的开发使用大大节约了档案库房的容量，提高了档案管理利用的效率，但单位数据库的存储容量毕竟有限，大数据时代档案部门面对巨量档案资源的存储问题，必须走改变存储方式来提高效率、节约成本的道路。大数据技术拥有强大的数据处理和存储能力来实现档案资源存储备份管理。档案部门要想对档案资源进行全面掌控，可以考虑在大数据产业园区建立一个档案资源备份中心，既能保证档案资源的安全，又能将档案资源集中起来管理、开发和服务利用。

（三）重要档案异地异质备份保管

档案安全主要受到主客观因素的威胁。从主观上说，档案制成材料质量易随时间环境而弱化，如纸质档案存放越久，越容易纸张脆化、字迹模糊；电子、光盘、硬盘档案等特殊载体保存年限尚不明晰；客观上，多发的自然灾害和人的行为也在威胁档案的安全，重要档案处于水深火热之中。为保证档案的安全存储和长期可读，需要定时检查、实时备份以降低安全隐患。

第四节 档案行政管理体系研究

一、转变行政职能

档案行政管理一直是档案部门的弱势，行政能力不强，工作开展就比较被动，社会地位也凸显不出来。大数据时代，档案部门必须正确认知局与馆各自的职能范围，要善于借助社会力量逐步放开服务“大包揽”方式，切实转变行政职能，提高行政管理能力。

（一）明确档案局、馆性质

党的十四大确定了全国机构改革的目标是“转变职能、理顺关系、精兵简政、提高效率”，在此形势下，档案部门实行“局馆合一”的机构改革，大数据时代，档案部门亟须理顺档案管理体制，改变局与馆性质、职能混乱无序的现状，各级档案行政管理部门的职责是依法统一监督指导本行政区域内党政机关和其他事业单位的档案工作，各级国家综合档案馆的职责是依法集中管理本级党政机关和其他单位的档案，档案局的行政事务和档案馆的管理事务要严格区别开来，确保分工明确、各司其职，挺起档案行政职能的腰，树立起档案行政管理的威严。

（二）借助社会力量改变服务方式

档案部门性质明确了，档案局主行政、档案馆主管理的职责就分明了，不能再紧紧抓住档案整理服务“大包干”不放。档案部门的主要精力在主管行政与管理方面，档案整理服务就需要寻求新力量的加入，社会中介力量乘势而起、乘胜而入。社会力量参与档案事务是市场经济发展的必然趋势，档案部门要顺应时代发展和自我职能转变需求，积极引导社会力量参与档案服务工作，要把社会力量参与档案事务活动作为档案事业发展的重要补充形式，发挥档案学会、档案学术交流机构这些社会组织的协同作用，积极扶持与档案有关的咨询服务业、信息开发业、软件行业、网络公司及档案用品制造业、档案文化教育服务业的发展；档案部门要规范并支持档案中介机构、专业机构参与档案事务活动，帮助开展社会宣传和服务，增强档案中介服务知名度和影响力，通过他们专业档案整理团队达到既完成档案整理工作，又能在督察管理档案工作中提高档案行政的权威性的目的。

二、强化行政执法水平

行政执法能力是衡量档案行政管理部门行政权威的重要指标，也是检验档案法律法规效力的重要表现。大数据时代，档案部门要从法律制度、法制队伍、执法力度三个方面来提升执法能力，强化执法水平，提高执法地位。①

首先，完善法律制度。《中华人民共和国档案法》是开展档案工作的依据和准则，是档案领域的“宪法”，让档案管理有法可依，随着经济社会的发

①四川省档案局．档案法治与行政管理[M]．成都：四川人民出版社，2017.

展，档案法也存在与档案工作新形势、新任务、新要求不相适应的问题，需要对原有的内容进行及时修订和完善，比如确定档案人的权利与义务。档案部门要想在档案执法检查中掌握主动权和话语权，就要提高法治意识，尽快制定并出台规范电子档案管理的法律法规，比如网络信息归档选择依据、海量电子文件数据的存储、电子档案异质异地备份操作等，让档案部门对电子档案依法行政可以有法可依。

其次，加强法制队伍建设。党和政府部门要为档案行政管理部门依法履行档案行政执法职能提供条件，提高其执法监督指导能力，人大、纪委、法制办等部门要为档案行政执法出谋划策，成立联合督查小组，提高档案执法效力。

最后，加大执法力度。档案行政管理部门要加强对档案工作的监督检查，对各类违反《中华人民共和国档案法》的行为，特别是将应归档文件据为己有或拒绝归档的，或造成档案损毁、丢失的，要依法追究有关单位和人员的责任。

三、提高业务指导水平

档案业务指导工作始终是档案部门一个重要的职能，体现的是档案部门的专业水准。档案业务指导水平的提高有赖于档案工作者的行动力与专业度，搞好业务指导不仅能展现档案部门的工作能力，还能改变社会对档案部门的刻板印象，提高档案部门的社会地位。

（一）加强业务分类指导

一是要加强对新单位建档工作的指导。“政企、政事分开”改革后，许多企事业单位脱离了原来的行政机关，成立了新的机构、企事业单位和社会组织，政府对他们干预的减少，使他们游离于档案部门的管理之外，建档工作也迟迟没有提上工作日程，档案部门要加强对新单位的关注，加强对新单位建档工作的指导，使新单位能够意识到建档工作的重要性，及时明确档案工作任务，做好档案工作的分工，加强档案员的工作责任意识和业务能力，悉心指导建档工作的每一个环节，提高独立完成档案业务工作的水平。二是要加强对家庭档案、个人档案等新类型档案的指导。家庭档案和个人档案属于非国有档案，在过去没有引起国家和档案部门的足够重视，成为散落在社会中的遗珠。大数据时代，个人的信息越来越多，也变得越来越重要，国家大力提倡家庭建档、个人建档，档案部门设立宣传点，开展大走访，深入每家每户帮助家庭建档，从档案收集的范围、类型、内容到整理的方法一一进行悉心指导，家庭建档、个人建档开始受到社会公众的关注而逐渐兴盛起来，这类档案业务的开展既有效规范了散落的信息，又为国家积累了一笔非常可观的社会档案财富。

（二）专业人才的任用和培养

档案部门人才队伍中，只有极少数是档案专业科班出身的，大多数人只懂行政管理，极其缺乏能够完成档案业务指导工作的人才。档案部门要根据实际工作需要，科学合理地调整档案部门人员编制，提高档案专业人才在档案部门人才队伍中的比例，充实档案部门业务指导队伍，优化档案部门业务指导能力；要建立科学的引才育才机制，可以通过与高校联合培养人才，也可以在考试录用中以专业作为限制门槛，或者支持鼓励在职人员继续深造学习接受档案专业知识的系统教育，积极发挥档案院校等培训学院的作用，创新培训内容，改进培训方式，努力造就一支高素质的档案业务指导队伍。对于党政机关、企事业单位、社会团体的档案员，不能由身兼数职的其他工作人员担任，必须要求专人、专岗、专职，完善档案从业人员持证上岗制度，考试合格方能发放档案从业人员资格证，非档案从业人员一律不得从事档案工作岗位，严格档案专业技术职称评审，晋升职称人员必须达到相应的晋升条件方能申请。大数据时代，档案部门要依照办理程序和条件严格职称等级评审，净化档案业务工作队伍，提高档案从业人员专业化水平。

四、加强与社会的合作

（一）加强与档案形成者的合作

大数据时代档案部门要想赢得更多的档案资源，就要加强与档案形成者的合作。档案的形成者不再局限于党政机关、企事业单位和社会团体的档案室，家庭和个人成了散落于社会最大的档案形成群体，他们记录的是家庭琐碎事，构造的是社会变迁图。档案部门一是要帮助家庭和个人完善建档工作，二是要大力征集、征收家庭档案和个人档案，从中挖掘出更多、更有价值的档案。

（二）加强与档案利用者的合作

档案利用者是档案部门的服务对象，满足利用者需求是档案部门最大的工作成就。大数据时代,档案部门不能只关注利用者单一的利用需求,要学会透过需求挖掘档案隐性知识,透过需求提供预测服务,透过需求编研出更多的档案文化精品,为社会公众谋福利。

（三）加强与档案中介服务机构的合作

大数据时代,档案中介服务机构既是档案部门监督管理的对象,又是档案部门最重要的合作伙伴。一方面,档案部门要严格审查档案中介服务机构资质,监督管理档案中介服务机构备案情况、执业人员素质和服务质量水平等;另一方面,档案部门要放宽服务权限,支持鼓励档案中介服务机构利用专门的知识和技能为单位提供档案服务,通过监管下合作的方式来维护自身的行政和执法能力。

（四）加强与网络服务商、数据公司的合作

大数据时代,档案部门不能再采用老一套管理档案的方法,电子档案的收集、档案数字化都需要档案部门加强与网络服务商、数据开发公司等信息行业的合作。互联网给档案部门带来大量资源,既是福利也是负担,数量大、种类多的资源充实了档案资源库,但如何从海量的资源中筛选出有价值的信息作为档案保存是档案部门忧思的难题,档案部门与网络服务商的沟通与合作就成为必要选择,借助网络服务商的帮助,从信息源头剔除垃圾信息,保留有用信息供档案部门收集,大大提高档案的质量。这些收集来的电子档案和库存档案数字化产生的电子档案的管理工作远远超出了档案部门的工作能力范围,档案部门要积极主动地与数据开发公司合作,通过公司专业人才、专业技术、专业软件的帮助协同完成对电子档案的管理。

第五节　档案信息安全管理体系研究

一、档案数据采集安全

档案数据采集包括电子文档的收集和纸质档案的数字化处理两个部分。档案数据采集安全在强调数据收集得齐全、完整的同时,也要考虑由于重复收集产生的数据冗余问题。

（一）档案数据收集范围扩展

档案大数据也可以称为档案的全数据。相对于其他领域的数据收集，档案大数据更强调的是数据的全面——收集业务范围内的所有档案数据。一个基层档案部门，只要收集了本机关、团体、企事业单位的全部档案数据，即使数据总量不大，也可以称为大数据。因为在其后对这些数据进行的分析，将采取“样本=总体”的方法，凡采用这种分析方式的数据分析方法，就称为大数据分析。档案大数据中的“大”不是绝对意义上的，而是相对意义上的“大”。与此同时，在具体工作中我们也发现，在大数据环境下，原来按照单位进行的档案收集会有相当程度的冗余信息产生。

（二）纸质档案数字化过程和结果安全

纸质档案数字化的过程安全是指在档案数字化过程中没有发生危害档案实体和信息安全的事件或行为。因此，一系列的规章制度和规范的操作流程是必要的。首先，要考察数字化服务提供单位的资质和信誉。其次，要建立完善的管理制度。例如，案卷不准擅自带离加工现场；当日数字化的案卷必须当日归库；案卷进出库有严格的交接、检查手续等。最后，在数字化的过程中严格遵守《纸质档案数字化技术规范》，档案的拆卷要以不破坏档案装订原貌为基础，在扫描过程中保证案卷整洁并确保扫描图像与原件一致。纸质档案数字化的结果安全是指数字化后的档案数据有效、可用。因此，档案数字化后必须经过电子档案质量检查这一环节。这也是对档案数字化结果安全监控的重要一步。①

二、档案信息管理系统安全

（一）数据支持平台安全

构建档案大数据平台至少要实现四个层次的部署：第一，云服务商提供全面、可视化的服务，尤其是档案大数据服务委托方有权随时监管、分析基础设施中发生的所有事项；第二，收集海量档案数据，并解决各个数据库的兼容问题；第三，数据库有更快识别目标、锁定威胁来源和敌对事件的能力和相关设置；第四，基础设施具有可扩展性，可以执行短期和长期的分析。监控管理、风险控制、规则遵从是档案云数据支持平台确保安全的最基本

①王兰成，黄永勤，刘晓亮．档案社会化媒体信息资源整合研究[M]．北京：科学出版社，2022.

要求。

（二）数据计算环境安全

传统的数据库系统不能有效地处理大数据的原因在于，这些系统的设计无法应对现如今结构化数据所占比例越来越低、数据类型日益复杂的状况，以及传统的数据库无法既迅速又比较经济地对系统进行拓展。不仅是硬件程序的设计环节，从数据管理的角度来看，少量的数据样本容易进行单独的测试和监控，而档案大数据计算平台上存储的数据首先要有详细的类别划分，其次才是存储和计算。

档案数据库的数据分析完成后，是要将结果呈现给不同的人群使用的。针对同一条查询指令，应该让不同角色的人群看到不同的结果信息，即查询所反馈的结果应该是不一样的。技术人员读取有关系统和设置管理的数据；档案工作人员查看、操作与自身业务范围相关的内容；普通利用者可以得到经审核公开的电子文本或目录。大数据时代的档案安全解决方案应该包括足够强大的、能够针对不同层次的人群提供不同的展现界面和工具。

同时，档案大数据系统必须具有目录整理、档案采集、档案审核、系统维护等功能，并利用现代化网络技术，实现多人多客户端操作。

三、档案数据提供利用安全

（一）制度层面

大数据时代带来的影响是全球性的，需要国家与公众共同应对，国家应充分发挥其宏观作用，通过出台大数据研发计划、建设大数据中心等有效措施，将大数据上升为国家战略。相关部门应考虑出台相应的政策、标准及制度，为档案资源建设提供制度保障。当前，国家档案局组织国内专家学者对修改《中华人民共和国档案法》进行调研论证，建议将大数据时代下档案信息保护、保障档案信息系统与网络安全等条款纳入修改范畴，紧随时代发展步伐，体现信息时代特征，从而更加满足信息时代档案信息安全保障工作的需求。

（二）技术层面

技术手段是档案信息安全的重要保障，针对档案数据面临的风险，可以从不同的层面加以保证。

1.数据保密技术

防火墙技术包括分组过滤与代理技术两种技术手段，能够将不安全因素有效地隔离在网络系统之外，两者相结合，其效果更佳。数字签名技术是当前普遍采用的主要技术之一，为避免信息丢失或被非法截取，主要通过提高处理速度来确保信息传送过程的安全与保密。与数字加密技术相近的一项技术为电子文件认证技术，均需要通过计算和运算来完成。电子文件认证技术是通过比较运算来获得验证码，主要通过摘要来有效鉴别电子文件的真实性。但该技术仍存在一定的缺陷，即不能保证文件在发送过程不发生信息泄露等问题。

2.数据迁移技术

数据迁移是一种数据保护方式，是指数据在不同的存储类型、存储格式及计算机系统间转移的过程。数据迁移主要有三种形式，即不同介质间的迁移、不同格式间的迁移与不同系统间的迁移。此外，环境、时间等外部因素容易对数据迁移产生影响，因此选择合适的迁移时间是数据迁移应考虑的关键环节，而熟知旧载体的寿命则是选择时间的重要前提。进行数据迁移时应有效避免迁移过早而造成的载体材料浪费或迁移过晚而造成的数据丢失等问题。

3.数据云存储与异地备份

随着大数据时代的发展，云计算也得到了快速发展，公有云、私有云及混合云为不同的用户提供了多样选择。云存储凭借其成本低、容量大、速度快成为众多用户的首选。云备份转变了档案数字资源的备份方式，从离线的脱节介质转变为网络在线的方式，将档案数字资源中的关键数据实现本地与远端数据中心保存，提升了存储的安全性与数据容灾能力。此外，异地备份也成为保障数据安全的重要选择。实行关键数据本地与异地双向保存，在应对自然或人为灾害时，提高其灾后恢复能力。

（三）人员层面

管理者是数字资源有效管理最重要的主体，在大数据时代中，也应对档案利用服务体系的建设贡献自身的力量。

首先，树立强烈的责任感，培养自身的保密意识。档案工作的保密性使其对工作人员的工作素质有更高的要求。档案工作人员不得以私利为目的，对档案信息进行任何的加工行为。其次，增强档案人员的安全防护意识。加强网络安全知识宣传和普及,进行档案工作人员网络信息安全维护的培训,要发挥每个档案工作人员的作用,既要管好实体档案的安全,又要确保档案信息内容的完整、真实和有效。再次,增强档案工作人员的安全防护能力,譬如,信息加密技术防火墙技术、反黑客入侵技术等能力的培养,提高其安全意识和掌控信息技术的能力。

第六章　档案信息化管理的资源整合

第一节　档案信息资源的整合

一、档案信息资源及其整合的概念

档案信息资源的概念有狭义和广义之分。狭义的档案信息资源是指来源于档案的，反映事物特征、运动状态、方式及规律的，已经加工处理有序化并大量积累起来的有用的集合。狭义档案信息资源实际上从属于广义的档案信息，包含了档案信息的三个层次。但是狭义档案信息资源并不等同于档案信息，而是具备了创造性、规模性以及开发性三大条件的档案信息。

二、大数据环境下档案信息资源整合的必要性

实现大数据时代背景下海量信息的整合是档案部门迎接挑战的有效方法。下面我们从新时代的发展趋势、提高档案信息资源服务质量的需要和实现档案信息资源数字化这三方面来进行必要性分析。

（一）新时代的发展趋势

随着社会信息化的发展，数字化与网络化建设的不断完善，档案信息资源的记录载体、记录方式、管理方式也随着时代的进步而发生变化，档案信息资源的管理也应朝着网络化、数字化的方向发展。

随着人类的进步和发展，大数据时代的来临，人们在计算机系统存储的数据信息也越来越多，这些数据是人们工作、生活和生产活动等的原始记录，能够为人们提供重要的利用价值。档案信息资源数字化、信息化后，体现的明显特征是相对完整性、集中性，这就出现新的诉求——档案信息资源整合。尤其是现代电子计算机普遍应用，所生成的文件档案信息越来越具有电子特征，我们进行整合时不得不考虑到未来发展趋势问题。例如，科技部、财政部、农业农村部等有关部门协调成立的国家科技文献资源网络服务

系统，教育部主持推进的全国高校信息保障系统，由文化部（现为文化和旅游部）国家图书馆牵头的中国数字图书馆工程以及各地数字档案馆的建设等，这些工程建设是对信息完整性、集中性需求的体现。

（二）提高档案信息资源服务质量的需要

现代政府的信息管理以公民需求为导向，充分利用信息技术提供高效、高质的档案信息服务是未来服务发展的方向。在这种背景下，档案馆被推向了信息公开的前台，意味着档案信息资源开发具有了政治合法性和迫切性。社会信息资源整合程度的提高与公众信息意识的觉醒为档案信息资源的整合创造了良好的社会环境与氛围，同时使档案资源的整合成为一种必然趋势。①

近年涉及老百姓切身利益的民生档案数量与日俱增，与之相对应的是人民群众利用档案的需求也不断增加，因而迫切需要一种能够集中保管和统一利用的档案管理机制的出现与创新。整合档案信息资源，为公众提供了一个双向主动式档案信息服务手段。除此之外，一方面是档案信息资源提供服务的频次、速度、要求越来越高；另一方面是档案信息资源服务的范围、空间、形式越来越广，社会的需求永远是激活档案信息资源整合和开发的力量源泉，推动档案信息资源整合的动力是适应时代发展和档案信息资源服务对象多元化的需要，档案信息资源整合的建设会使档案服务社会的力度、方式、手段实现新跨越。

总之，实现档案信息资源的整合，可以提高人们利用档案信息资源的检索效率，可以改善档案网站、档案馆以及档案室的服务质量。

（三）实现档案信息资源数字化

在大数据时代，档案馆既要开展纵向层次的整合，又要开展横向功能的整合。档案馆可以通过综合利用大数据的存储技术、处理技术以及应用技术实现数字化档案信息资源的功能，如实现数字化档案信息资源的交换与共享功能、安全存储功能等，如表6-1所示。

---

①唐义．我国公共数字文化资源整合模式研究[M]．武汉：武汉大学出版社，2017.

表6-1 大数据相关技术及功能

大数据相关技术分类	技术示例	实现功能
大数据存储技术	分布式文件系统、非关系型数据库、数据仓库等存储技术	存储功能
大数据处理技术	数据挖掘和分析、内存计算和流程处理技术	信息挖掘与数据处理功能
大数据应用技术	云计算及其编程模型MapReduce、大数据获取技术、大数据存储系统、大数据分析技术、大数据的可视化	信息资源交换与共享、安全存储等功能

一方面,云计算技术的具体应用说明大数据技术能够实现档案信息资源的交换功能。例如,档案云平台的构建。支撑云、公共云、业务云三个平台共同组成了档案信息资源整合的云平台。其中在业务应用层,可以通过大数据的存储处理技术完成档案信息资源的采集、编目、存储等工作。数据整合处理层通过对档案信息资源的分类等工作加工,编研不同的档案成果,形成不同的数据库,如特色档案、现行文件等。另一方面,大数据技术在档案信息资源共享平台充当着非常重要的角色。

大数据技术可以促进档案信息资源共享功能的实现。公众可以通过档案信息资源整合共享平台,在线访问和查询档案馆藏信息资源,使档案信息资源充分地发挥自身的价值,服务大众。其次,档案信息资源整合共享平台可以打破地域限制以及“信息孤岛化”的状态,促进各大档案馆之间的联系,实现更大范围内的资源共享。

三、大数据环境下档案信息资源整合的SWOT分析

随着互联网的普及,计算机信息技术和网络通信技术的飞跃式发展,各种数据和信息呈现出爆发式增长趋势。因此,档案部门应该实事求是地立足于档案信息资源整合的现状,结合大数据的时代背景,充分应用大数据时代的信息挖掘技术,采取有效的措施实现档案信息资源的整合。

采用SWOT分析法:S(strengths)是优势;W(weaknesses)是劣势;O(opportunities)是机会;T(threats)是威胁或挑战,对大数据环境下档案信息资源整合的优势、劣势、面临的机遇和挑战进行分析,如表6-2所示,有利于档案部门在进行信息资源整合时认清形势,扬长避短,抓住机遇,寻找良好的契机,制定符合大数据时代背景的档案信息资源整合措施。

表6-2　大数据环境下档案信息资源整合的SWOT分析矩阵

优势（strengths）	劣势（weaknesses）
（1）档案馆技术优势 （2）档案馆保管条件优势 （3）数字化信息管理系统的发展	（1）档案信息资源质量难把关 （2）理念与实践进度不匹配 （3）缺乏统一的技术整合规范标准
SWOT分析矩阵	
（1）国家政策支持 （2）信息挖掘技术的进步 （3）信息化建设	（1）信息实施精准管控难 （2）给数据分析带来了挑战 （3）安全技术存在漏洞
机遇（opportunities）	挑战（threats）

（一）优势分析

1.国家政策的支持

国家档案局在2010年对《各级国家档案馆收集档案范围的规定》进行了修改，按照以人为本的思想，引导全国各级档案部门以民生需求为导向，把涉及人的档案应收尽收，建立面向全民的多元化档案资源体系。由此，可以看到国家是支持对档案信息资源进行整合的。2015年8月19日，国务院审议通过了《促进大数据发展行动纲要》，这标志着我国在顶层设计上对大数据的实践与实施做出了集体部署。《促进大数据发展行动纲要》不仅对其背景及意义进行了阐述，对涉及的主要内容及产业也进行了部署。其中，虽然没有明确档案部门的任务，但指出如何应对大数据时代下的快速变革是档案部门的当下之责。

“十三五”规划期间，国家档案局印发的《全国档案事业发展“十三五”规划纲要》中也制定了相关的政策支持档案信息资源整合的发展，并提出档案资源的发展目标就是“实现档案资源多样化。依法管理档案资源，各级国家机关、团体、企事业单位档案实现应归尽归、应收尽收；档案资源更加齐全完整、丰富多元，覆盖人民群众的档案资源体系更加完善”。

2.大数据环境下信息挖掘技术的进步

互联网的发展与普及，各种数据以及信息呈现出爆发式的增长。互联网在给人们获取大量文本信息资源快捷方便的同时，也带来了诸如如何挖掘、筛选自己所需信息的难题，但是大数据时代的信息挖掘技术则刚好可以帮助人们解决这一难题。

3.数字化的现代档案管理系统的产生

随着计算机技术、通信技术以及互联网技术的飞速发展，传统的档案管理模式遇到了严峻的挑战。与发达国家相比，我国档案管理现代化建设有一定的滞后性。2006年，有关组织部门明确指出要充分利用现代技术改造传统的档案管理方式，加快电子档案建设，完善干部档案管理系统和干部信息管理系统，逐步实现档案管理的数字化。档案数字化必将成为今后档案的主要存在形式。

数字化档案管理是对传统干部人事档案管理工作的一次创新，能够实现对档案和档案材料收集、鉴别、整理、保管、传递、统计、查阅等日常工作的数字化管理，并可通过组织系统专网实现干部档案的网上浏览和远程查询。这为今后干部任用、干部提拔等工作带来了极大的方便。系统分为日常业务管理、档案数字化采集系统和数字化档案查阅系统三大部分。

(二)劣势分析

凡事都有两面性，有利就有弊。接下来，我们将从三个方面集中分析大数据环境下档案信息资源整合的劣势。

1.缺乏统一的技术整合规范标准

许多学者认为，技术与标准是制约档案信息资源整合的重要瓶颈。熊志云认为："尽管我国档案信息化建设起步较晚，但对档案信息的标准化工作一开始就比较重视。"梁作华指出："迄今为止，标准问题仍未受到足够重视，缺乏制定标准的统一机构，国家尚未出台档案数据库结构、信息存贮和著录格式、软硬件配置、网络体系结构、信息处理界面等方面标准，要建立一个比较完整的档案信息资源整合的标准体系，还需一个长期的探索和实践过程。"许多研究者指出，在档案信息化建设中，标准问题仍然没有受到足够的重视，缺乏一个统一的机构对此进行统一的研究与组织，也就谈不上建立跨系统、跨领域的标准制定机构了。因此，建立专门的机构，在全国范围内逐步推出和建立比较完善的信息资源管理标准体系，已成为档案信息资源以及其他信息资源整合工作的当务之急。

2.理念与实践进度不匹配

大档案理念由来已久，但是在实践进程上并未得到良好的落实。长期以来，许多档案工作人员和专家学者都提到整合档案信息资源以及转变档案管理观念，但是如何转变并没有一套详细具体的对策。因此，我们不仅要提出与时代发展相匹配的管理理念，还要将理念贯彻到档案信息资源整合的实践中。

在大数据时代，档案信息资源整合需要各个环节的配合和各个部门协调一致的工作才能完成，而各部门、各环节的协调需要一个强大的信息系统来组织和实现，从而使档案信息资源得到最优化的利用，使良好的档案信息资源整合观念发挥意识能动作用，更好地指导档案信息资源整合的实践工作。

3.档案部门各自为政，缺乏有效沟通联系

目前，中国实行的档案管理体制是条块相结合的，即综合档案馆主要负责党和政府机构形成的档案，而专业档案则由专业档案机构负责保管，档案部门由同级档案行政管理部门进行指导、检查和监督。无论是在实践层面还是在法规层面，条块分割已经成为档案管理的基本形态，并且已经持续多年。但是，随着档案信息资源整合工作的开展，许多学者指出这一制度阻碍了档案信息的共享。郑鸥认为："它虽然有其合理性，但也造成了地方各级国家综合档案馆在档案资源整合上难以有所作为。由于档案资源的分散、馆藏档案信息的'含金量'不高，很难满足日益增长的为领导决策资政服务、为群众维权服务的需求。"

（三）机遇分析

1.我国的信息化建设为档案信息资源整合提供了环境支撑

我国在进行信息化建设中不断完善通信网络与计算机系统，这为档案信息资源的整合提供了良好的基础设施条件。首先，我国已经基本形成了一个覆盖全国、通达世界、技术先进、业务多样的国家公用通信网络框架。目前，全国几乎所有的学校、科研部门、政府、企业和家庭都使用上了计算机网络。其次，网络的连通是档案信息资源整合的基本手段和有效途径，网络使数字化档案资源互相联结，社会公众能不受时空条件的约束获取自己所需的档案信息。先进、专业的通信网络的建成为档案信息资源整合提供了许多实践的机会，日渐成熟的因特网技术为实现档案信息资源整合提供了良好的基础设施条件。

2. 电子政务建设为档案信息资源整合提供了技术支撑

在我国，档案有着为政治提供服务的职能，因而档案馆、档案室等档案管理部门必须结合国家电子政务建设的大背景开展档案管理工作。因为电子政务建设能够促使政府更加重视档案室、档案馆、档案网站、档案公共服务平台等的建设，给予相应的资金以及技术支持。有了政府资金、技术支持作为后盾，档案信息资源整合工作可以更加顺利开展。

3. 档案部门的数字化建设为档案信息资源整合提供了基础

近年来，社会环境的变革使档案界不得不改善档案信息工作，各地档案部门不同程度地进行了数字化、信息化管理建设，为档案信息资源整合提供了好的开端。档案部门要努力建设并投入使用一批内部局域网，基本实现档案管理现代化和办公自动化，部门、地方自行建立为本部门机关服务的档案目录信息中心，为逐步构建中国档案文献数据库创造条件。档案部门根据电子档案管理的要求，加强对本单位电子文件的管理，保证电子文件真实、完整、有效。此外，北京、上海、江苏、浙江、广东等地选择在国家档案馆开展网络环境下接收电子档案试点工作。北京市近年来制定档案信息资源整合发展规划，实现市区县档案馆之间的联网与开放档案目录；深圳市建立数字档案馆系统，将原有各种载体的档案数字化，对档案文件实施数字化管理。

（四）挑战分析

1. 需要庞大的资金支持

虽然档案管理部门在开展档案信息资源整合工作的时候，得到了政府的财政资金支持，但是这些资金远远不够，档案信息资源整合的后续工作需要更多的资金做支撑。然而，档案部门缺乏其他筹款渠道，因而资金将是大数据环境下档案信息资源整合面临的一大困境。此外，受我国各地区经济发展水平的制约，各区域档案信息资源整合建设的投入、档案数字化、信息化建设等方面都存在着严重的不平衡以及信息不对称等问题。

2. 档案信息资源质量的把关

档案信息资源的质量难以控制。档案信息资源与其他社会信息资源相比，有着机密性的特点，有一大部分档案因为涉及国家集体的秘密而不能轻易地在网上公布，而必须履行一定的手续，超过一定的时限才可以公之于众，而事实上，等到这些档案过了保密期之后，其所载信息则往往已经过时滞后，无法满足公众的现实需要。除此以外，档案信息资源的质量没有统一而具体的标准。所以，在进行档案信息资源整合的时候，如何收集质量优、价值高的档案资源也将是面临的一大挑战。

3.档案信息资源整合管理体制的建立存在困难

实施档案整合信息资源管理机制不仅是对已有的档案信息资源进行整合，重要的是通过资源整合理顺管理体制和建立新的规范化运行机制，以确保今后不再产生新的档案资源分散问题。建议实行大档案管理体制，确定省、市级综合档案馆的中心地位，并赋予其整合的权利。把现有市县级综合档案馆作为中心基点，才能有效地克服资源分散的问题，打破各自为政的管理模式，提高档案馆的辐射力、影响力、凝聚力。

四、大数据环境下档案信息资源整合的策略

（一）从内容层次开展档案实体整合

档案实体整合是一个个体层次的整合过程，丰富的馆藏是档案信息资源整合的基础。档案实体整合包括综合档案馆自身管理制度、管理程序、馆藏系统信息的整合，还包括县级区域内各种实体信息部门的整合，将区域内各个独立、分散的部门档案资源进行综合整合。

1.现有馆藏整合

档案馆不再仅仅是一个实体保管机构，还是今后实现档案资源共享的主要源头和基地。传统的档案实体一般以案卷形式保管在库房，档案馆应对其馆藏数据清楚掌握，做好基础的编目工作。目前，档案馆的实体整理工作一直在做，但是结果不尽如人意。档案馆应根据档案整合功能特征从档案馆管理制度化、归档程序化、馆藏数字化、信息网络化、控制智能化方面进行管理。还应做好现有馆藏各种载体标准、海量存储整合工作，有选择地将原始馆藏中有特色、有较高利用价值的档案数字化，积极将已接收进馆的文件建成编研成果数据库，使传统档案信息与现有档案信息共同发挥作用，如建立电子政务档案、城建档案、指纹档案、民生档案等特色数据库。

2.开展区域档案信息资源整合

以往，单个部门多自己保存自己形成的档案，然而单个部门的条件往往有限。如果把一个区域县级的部门档案整合在一起会节约很多人力、物力。

滕霞认为:“在区域整体规划中设立县级单位为档案管理中心,各级档案信息形成部门向县档案馆移交,建立一个以档案部门为主体、各专业主管部门配合的区域管理模式,实现档案资源集约化、人员素质现代化、业务建设标准化、管理工作规范化、利用服务优质化。”

(二)从技术层次开展数字档案信息资源整合

1.建立统一的档案数字信息资源整合标准体系

在大数据时代,档案数据的多样性已成为常态,要实现档案数字资源的整合就需要协调相关利益方建立兼顾适用性、稳定性和国际性的档案数字资源整合的标准体系,完成对不同协议、标准、规范的整合。这包括档案信息化过程中涉及的各类数据组织方式和网络通信协议的整合,各相关业务系统中使用的数据标准和协议规范的整合以及采用的各类存储、应用标准的整合等。唯有如此,才能确保整合工作遵循相同的标准,方便档案数字资源的存储和迁移,实现档案数字资源的交流与共享。

2.实现由馆藏中心模式向服务中心模式的转变

前面我们提到过大数据时代的信息挖掘技术,如云计算、Web2.0文本挖掘技术等。这些大数据技术可以通过对复杂关联的数据网络中出现的趋势进行预测,为人们的行为决策提供有益指导。这就要求档案部门改变过去单一的供给式思维模式,关注大众的利用需求,构建起以社会利用需求为导向的档案数字资源体系。比如,档案网站导航、索引等人性化服务的提升都可以更加方便用户。时刻关注用户需求的变化,进而实现由馆藏中心模式向服务中心模式转变,不断提高档案服务与用户之间的匹配度。

3.构建适应大数据要求的档案数字资源分析系统

毫无疑问,构建适应大数据要求的档案数字资源分析系统依然要用到大数据信息挖掘技术。

(三)从服务层次开展档案信息资源整合

1.构建主题档案数据库

在大数据时代,基于公共服务的视角下,档案馆既要做好档案的征集、保存、管理等基础性工作,又要积极实现档案信息资源的共享,满足公众多样化的需求和高标准的期望。

首先,档案馆可以打破条块机制的束缚,和各级档案馆分工合作,形成资源互补，最大限度地发挥资源优势。同时，依托档案馆形式各异的馆藏资源，根据一定的标准进行资源挖掘与整合，推进档案的数字化工作，建立编研成果数据库，做好检索与服务工作，从而提升检索效率，完善服务质量。

其次，广大公众既可以是档案的利用者，还可以是档案信息资源收集者。档案馆可以通过广泛宣传，如通过网络宣传、发放宣传手册等方式调动大众贡献档案信息资源的积极性。此外，档案馆还可以通过公开征集的形式征集档案。除此以外，档案馆还可以构建联机检索数据库，将档案馆的数字化档案信息资源分门别类，然后实施联机检索，方便公众打破地域限制，检索其他档案馆的馆藏档案信息资源。

2. 构建档案信息资源整合共享平台

档案信息资源共享平台是一种基于互联网技术，整合了采集、审核、存储、发布、共享利用功能的软硬件集合。通常来说，档案信息资源整合共享平台有采集功能、审核功能、信息管理功能、信息共享功能、安全保障功能。

首先，公众可以通过档案信息资源整合共享平台，在线访问和查询档案馆的馆藏信息资源，使档案信息资源充分发挥自身价值，服务大众。其次，档案信息资源整合共享平台可以打破地域限制，促进各大档案馆之间的联系，实现更大范围内的资源共享。浙江省在构建整合共享平台方面有诸多成就和可供借鉴参考的经验。

（四）从安全层次开展档案信息资源整合

在大数据时代，个人电脑、手机等移动设备，微博、微信等社交App产生的多种类型的信息构成了海量的大数据资源。这些数据涉及个人、企业、国家等人类生产生活的方方面面。在大数据时代，档案馆加强数字化档案信息资源的安全保障体系的建设就显得极其重要。

1. 加强访问安全的建设

首先，加强访问安全的建设。访问控制是实现档案信息资源受控共享、保障档案信息资源被合规访问的有效措施。访问控制是档案馆网络安全防护的重要渠道，起着关键性的作用。通过访问控制技术能够合理地控制和认证用户访问权限，保证非法用户无法窃取资源。常用的访问控制措施有身份认证、口令加密、设置文件权限、控制网络设备权限等。档案馆应建立身份识别和访问管理（IAM）以及隐私保护系统，实现统一身份认证与访问权限控制，达到用户安全集成管理的目标，有效应对档案数字资源整合与大数据应用过程中的安全风险。其次,通过数据加密技术保护档案信息安全。通过安全套接层协议(SSL)加密,实现在数据集的节点和应用程序之间移动保护大数据。

2.加强存储安全的建设

为了实现档案信息资源的整合,档案馆开始尝试构建档案信息资源整合共享平台,档案信息资源整合共享平台通常包括用户端、各级档案部门、档案控制中心和云端模块。在实施档案信息资源整合与共享的过程中,其存储安全十分重要。一方面,为了保护档案信息资源的存储安全,档案馆在上传数字化档案信息资源到整合共享平台的时候需要进行扫描,防止恶意数据的侵袭。另一方面,档案馆要开展数据加密存储,寻求适用于档案馆存储系统的加密存储技术、密钥长期存储和共享机制。这样既能保护档案馆用户的隐私性,又能保障档案云平台和档案信息资源整合共享平台的信息存储安全。

第二节　档案信息资源的挖掘

在大数据环境下,伴随着互联网技术的飞速发展,各类社会媒体的普遍应用,档案信息资源具有来源多元、内容丰富、信息散布、数据繁杂等特性。档案信息资源的数量急剧增长,种类越发繁杂,数字化、信息化程度不断提升,使用传统的管理手段已经难以处理新形态的档案信息资源,树立大数据观念下的档案信息资源挖掘新思维、构建大数据技术指导下的档案信息资源挖掘新技术显得越发必要。

一、利用大数据技术进行档案信息资源挖掘的应用背景

(一)我国政府的支持与引导

大数据概念一被提出,就成为最热门的名词之一。大数据技术给社会带来强烈冲击,深刻影响着社会的各个领域并引发思想变革。2012年5月,联合国公布了《大数据促发展:机遇与挑战》白皮书,对大数据技术给人类社会带来的机遇和挑战进行分析,在该报告中,联合国分析了大数据技术在中

国互联网行业的发展状况，并认为大数据技术将会给中国互联网行业带来巨大的发展机遇。

2015年8月，我国国务院发布了《国务院关于促进大数据发展行动纲要的通知》，在此通知中指出了我国大数据技术发展的形势和意义，认为大数据是重塑国家竞争优势的新机遇，并提出了在我国发展大数据的指导思想和总体目标，同时提出在未来的国家发展过程中，应利用好我国的数据数量优势，努力实现数据数量、质量和数据应用水平的协同发展，注重对数据资源潜在价值的挖掘，将大数据这一战略资源的作用最大限度地发挥，以提升国家竞争力。①

目前，我国已经认识到大数据对于国家未来发展的重要价值，并为大数据技术的发展提供了思想指导和政策支持。档案信息资源是国家记忆的主要构成部分，也承担了保存国家记忆的重要使命，是未来国家战略资源最重要的组成部分之一。在国家积极倡导大数据技术应用的当下，把大数据技术与档案信息资源的挖掘工作紧密结合，构建一个基于网络的具有多种结构的、承载"中国记忆"的数字资源库，并使用大数据技术对档案信息资源进行深入挖掘和利用，顺应时代的要求和政策的支持方向，扩大档案信息资源的社会影响力，使档案信息资源为国家信息化进程的深入和国家竞争力的提升作出更大的贡献。

（二）大数据技术在档案信息资源挖掘工作中体现的优势

档案信息资源的大数据化给其挖掘工作带来了很多困难，如档案信息资源的采集问题、清洗问题、价值分析问题和结果提取问题等，但是大数据技术运用于档案信息资源的挖掘工作有以下三点优势。

1.可以实现档案信息资源更系统、更全面地采集

大数据处理技术强调对整体数据进行分析和挖掘，取代了传统档案信息挖掘中以抽样代替整体的方法，可以改变因为遵循传统经验思维搜集局部档案信息进行分析而造成的挖掘成果的片面性和不完整性。云存储技术手段为信息采集提供了足量的空间，为系统、全面采集档案信息资源提供了技术支持。

①王奕文．档案信息资源开发利用的有益探索[J]．黑龙江档案，2022(03)：208—210.

2.可以实现档案信息资源的智能化提取，并提高挖掘的精确度和效率

基于云计算的大数据价值分析技术可以在挖掘过程中提高精确度，可视化技术可对档案信息资源进行全面直观的呈现，语义处理技术为档案信息资源的智能检索创造了条件，有利于挖掘效率的提升。

3.可以弥补由于档案缺失而造成挖掘结果价值低的问题

大数据技术通过对海量档案信息资源进行处理分析，创建数据资源库，当某一部分档案信息资源存在缺失时，可以根据档案信息资源间的关联性原则对相关资源进行追踪，以补充缺失的档案信息，从而保证档案信息资源挖掘结果的完整性和可靠性。

二、大数据技术在档案信息资源挖掘中的具体实践

（一）语义处理技术在档案信息资源挖掘中的应用

1.应用必要性分析

在大数据背景下，档案信息资源的总量呈现急剧增长的态势，且其结构形态也表现出越发复杂的特点，多媒体类档案占据着越来越大的比重。在此背景下使用人工方法对档案信息资源进行采集、开发和利用的难度越来越大。语义处理技术在大数据挖掘的过程中为机器提供了可以理解数据的能力，使用自然语言处理技术对原始档案信息资源进行处理，构建数字化档案信息资源跨媒体语义检索框架，为深入挖掘档案信息资源提供技术支持，可以在语义理解的基础上提高档案信息资源挖掘算法的语义化程度和性能，最终实现对海量、繁杂档案信息资源的快速挖掘、智能提取，提升挖掘质量和挖掘效率。

2.语义处理技术在档案信息资源挖掘中的具体应用过程

语义处理技术的主要作用是对原始的档案信息资源进行自然语言处理，以便机器更好地“理解”使用者的目的和需求，从而实现对档案信息资源更为精确地提取。自然语言处理是基于计算机科学和语言学，利用计算机算法对人类自然语言进行分析的技术，属于人工智能领域的一个重要方法。自然语言处理的关键技术包括对自然语言的词法分析、语义分析、句法分析、内容分析以及语音识别技术和文本生成技术等。

在档案信息资源挖掘过程中，这些技术可以使计算机对原始档案信息资源有深入的理解和认识。这些技术有利于档案信息资源挖掘者系统地掌

握档案信息资源的内容概要，对档案信息资源进行内容检测，依照关键词义、语义对档案信息资源进行系统分类整理，对原始信息进行深入挖掘、检索、质量检测。利用这些技术还可以实现自然语言所表达的内容信息不同形态之间的转换，有利于档案信息资源的丰富拓展以及清晰表述，对档案信息资源挖掘效率的提升意义重大，同时为智能检索技术的应用奠定基础。

自然语言处理技术主要包括两大类，即机器翻译技术和语义理解技术。机器翻译技术，即使用计算机实现对自然语言内容的认识和提取，并以文本或其他形式输出，可把一种类型的自然语言翻译成另一种类型的自然语言。语义理解技术则强调把检索工具和语言学进行有机结合，通过对关键词专用检索工具的开发以及对原始信息的前文扫描，弄清其词义、句意之间的相互关联。在自然语言处理技术中会用到汉语分词技术、短语识别技术，同义词处理技术等，对原始语言信息进行系统区分、鉴定和提取。

总的来说，在档案信息资源挖掘过程中，语义检索技术方法主要有两种：语义分析法和分词技术。前者目的在于在资源挖掘中对检索关键词进行语义分析，对关键词进行拆分，并查找拆分后关键词之间的关联以及搜索与关键词含义存在关联的其他关键词，最终实现对查询者目的的解读，搜索出最符合使用者要求的结果；而分词技术则是当档案使用者对档案信息资源进行查询时，将其查询词条按照相应标准进行划分，然后按照对应匹配方法对划分后的字串符进行处理，实现对目标资源提取的一种技术。将语义处理技术应用于档案信息资源挖掘工作中，有利于提高档案信息资源的检索质量，使检索结果更符合使用者需要，可以更确切、高效和准确地实施档案信息资源挖掘工作。

（二）云计算在档案信息资源挖掘中的应用

云计算是分布式计算的一种，指通过网络云将巨大的数据计算处理程序分解成无数个小程序，然后通过多个服务器组成的系统对这些小程序进行处理和分析，并把得到的结果反馈给用户。在云计算发展早期，简单地说，其就是简单的分布式计算，解决任务分发，并进行计算结果的合并。因此，云计算又被称为网格计算。通过这项技术，可以在很短的时间内（几秒钟）完成对数以万计的数据的处理，从而拥有强大的网络服务能力。

云计算是继计算机、互联网后的又一次IT革命，云计算是信息时代的一次大飞跃，未来的时代很可能是云计算的时代。虽然目前有关云计算的定义有很多，但总体来看，云计算的基本含义是一致的，即云计算具有很强的扩展性和高可用性，可以为用户提供一种全新的体验。云计算的核心是可以将很多的计算机资源协调在一起，使用户通过网络就可以获取到无限的资源，同时获取的资源不受时间和空间的限制。在档案信息资源的挖掘过程中，首先要完成档案信息资源的采集，然后进行档案信息资源的预处理，即对档案信息资源进行价值分析和去噪处理，以实现档案信息资源的高效挖掘、优质开发。在此过程中，云计算技术广泛应用于构建档案信息资源整合共享平台，以拓宽档案信息资源的采集渠道；提供高效且廉价的档案信息资源处理工具，以降低档案信息资源的挖掘成本，并提升档案信息资源的价值密度。构建基于云平台的云档案系统，从而实现对档案信息资源更全面、系统的开发与利用。

云计算应用体现在三个层次，分别是基础设施服务、平台服务和软件服务。目前，云计算在档案信息资源挖掘过程中最直观的应用是构建云档案平台，完善数字化的云档案管理系统，实现档案信息资源和档案基础设施的共享，以拓宽档案信息资源的挖掘渠道，扩大档案信息资源的采集范围。此外，云计算是对海量数据进行分析和处理的关键技术，也是进行大数据分析及应用的基本平台。在档案信息资源挖掘过程中，云计算的MapReduce处理技术可以对海量的档案信息资源进行预处理，以关联原则和聚类分析的方法，对档案信息资源分批处理并对其进行价值分析，确保档案信息资源的优质挖掘。

目前，利用云计算管理和开发利用档案信息资源已取得了很好的应用效果，在现实中有很多案例，具有代表性的就是丽水市云档案平台的构建。从2011年起，浙江省丽水市完成了云档案信息共享系统的构建，该系统把数字化机关档案室、档案备份系统和云档案信息资源共享系统整合为一体，实现了市级、下辖9县区以及丽水市下辖各级档案机关的数字档案室“1+9+N”的协同管理。截至今日，丽水市已经有200多个各级机关单位在云档案平台上实现了在线档案信息资源的归档和移交，共享的各种类别的电子文件30余万件，为各级档案机构实现跨区域的档案采集、档案信息资源深度挖掘和开发利用提供了坚实的基础。

(三)可视化技术在档案信息资源挖掘中的应用

1.应用必要性分析

在大数据背景下,档案信息资源种类、结构更加复杂,数量也更巨大。在档案信息资源挖掘过程中,需要对诸多海量的、多元化的、结构复杂的档案信息资源进行直观展示,使档案信息资源的管理者和使用者可以清晰洞察档案信息资源背后所隐藏的信息,并将这些信息转化为可以对自身生产生活发挥实际作用的知识。对档案信息资源进行挖掘首先必须对原始资源有清晰、直观的认识,随着档案信息资源总量的增大,这一过程愈发困难。对于档案信息资源的开发者和挖掘者而言,海量的档案信息如同一个很大的黑洞,必须对这些资源进行逐一认识、排查,发掘其所隐藏的价值。当原始挖掘对象的总量很大时,还需要对原始信息资源进行检索,在传统的档案信息资源检索条件下,为了浏览所有结果,用户只能不断翻页。在档案信息资源的挖掘过程中引入可视化技术,把档案信息资源以及其内部不可见的语义关系以图形的形式进行直观呈现,同时在使用计算机对档案信息资源进行处理时更加注重人机交互的过程,以便系统、高效地对档案信息资源进行发掘,准确提取其潜在价值,使之发挥更重要的社会效用。

2.可视化技术在档案信息资源挖掘中的具体应用过程

信息可视化的定义为"使用计算机技术,使复杂的数据信息以交互的、可视化的形式体现出来,以增加人们对其认知程度"。可视化技术的主要研究重点在于它倾向于对复杂的数据信息进行综合分析,将其转化为易于理解的可视化图形,以直观的视觉方式展现数据中隐含的信息和规律。人类从外界获取的80%信息来自视觉系统,因而可视化的主要任务在于建立起符合大家普遍认知的、易于理解的心理印象。信息的可视化技术已经发展多年,现在越发成为人们分析抽象、复杂数据的重要工具之一。

档案信息资源的可视化描述是对其进行高效、准确挖掘的前提。这一过程的主要内容是构建反映档案信息资源具体内容的图符、多纬度空间描述图、特征库、知识组织体系和相应的数据压缩格式。对于档案信息资源,尤其是以文本形式存在的文书类档案信息资源,可以根据这些档案形成的时间先后将其进行图形化显示,将它们的特性以图形形式表示出来。当前可应用于档案信息资源挖掘工作中的文本信息可视化技术有很多种,如标签云技术,即将原始档案信息资源的原始属性根据词频规则,总结规律,根据该规律对其进行排列，用大小、颜色、字体等图形属性对原始档案信息资源的关键属性进行可视化表述。除此之外，还有图符标志法，这种可视化方法可以把专业的、复杂的档案信息资源以十分直观且易于理解的形式向挖掘者和使用者进行展示。在档案信息资源挖掘过程中，通过可视化技术了解挖掘对象的属性和关联性，对采集的海量数据进行去噪处理，有利于管理者和使用者更清晰地认识这些信息资源，从而实现对档案信息资源准确高效地提取。

三、大数据技术应用下档案信息资源挖掘工作的发展趋势

(一)挖掘主体协同化

在大数据时代，档案信息资源外延的扩大化以及跨媒体的语义处理技术在档案信息资源挖掘领域的应用，应当秉承以档案部门为主导的协同合作主体多样化原则。在档案信息资源挖掘领域主要体现在挖掘主体的协同化。在大数据背景下，数据的关联性日渐紧密，档案信息资源与其他类型的信息资源之间也具有越来越紧密的联系，档案机构在从事信息挖掘的过程中与其他社会机构协同合作成为未来档案信息资源挖掘工作的新趋势。各级档案馆可以加强与图书馆、博物馆等文化事业单位的协同与合作，推进信息资源的共享；也可以加强与商业机构的合作与协同，对档案信息资源进行协同开发，注重与档案信息资源的服务供应方、互联网运营商的协同，挖掘档案信息资源中隐藏的商业价值；高校档案机构也可以搭建与政府机构、企事业单位、民间组织进行信息交流的平台，主动推送档案信息服务，与这些机构协同挖掘档案信息资源的价值，获得人力、物力和财力上的支持，使高校的研究成果产生更大的社会效益。

现已存在档案机构与其他文化事业单位协同挖掘档案信息资源的案例。比如，中国第一历史档案馆与故宫博物院、湖南广电集团进行协同合作，深入挖掘馆藏档案信息资源，联合摄制了大型纪录片《清宫秘档》，使社会公众通过这些清代档案深入了解了当时的历史状况，深得好评。在云计算技术的支持下，未来图书馆与档案馆进行资源整合，协同挖掘馆藏信息资源成了档案信息资源挖掘发展的一个方向。又如，加拿大国家图书档案馆、天津泰达图书档案馆的成功运行都为未来的图书馆与档案馆协同发展提供了参考。

(二)挖掘对象的社会化

大数据时代,各类新型数字化媒体层出不穷。这些社会化媒体每天都产生和传递着海量的社会信息资源,而这些信息资源日渐成为档案信息资源的重要来源,如何对与日俱增且价值巨大的社会档案信息资源进行采集、存储,并挖掘其中价值成了档案挖掘工作的难题。大数据技术在档案信息资源挖掘中的深入应用可以解决这一难题,云档案平台的构建可以实现社会化档案信息的跨区域共享和流通,云存储技术可以为体积巨大的社会档案信息资源提供安全可靠的存储空间,语义处理技术可以实现跨媒体的档案信息资源处理。这些都为社会档案信息资源挖掘提供了技术支持。如今档案信息资源的社会化趋势与日俱增,随着大档案观理念和档案的社会记忆理念的提出与推广,档案信息资源的外延逐渐扩展,关于社会化媒体信息资源的研究也愈发活跃。

国内档案学学者冯惠玲早在2012年全国档案学年会上就指出,当下社会化媒体的快速发展和普及,将会对未来档案信息资源的平台搭建理念、管理方法以及利用方式产生巨大影响,导致档案信息资源采集渠道、管理架构和开发利用方式的调整和变化,推动未来档案信息资源的新变革。如今,社会媒体信息资源的急剧增长极大地推动着我国档案信息资源的社会化进程,社会媒体的应用深刻改变着社会民众的档案意识,为档案信息资源的社会化注入潜在推动力。大数据技术为其开发利用提供技术支持和保证,在未来的档案信息资源挖掘中,挖掘对象的社会化已成为必然趋势。现已有对社会化档案信息资源进行挖掘的实践案例。

(三)挖掘方式的标准化

虽然云计算、语义处理技术已应用于档案信息资源挖掘领域,并将不断普及,但是想要实现档案信息资源更大范围的资源共享、应用工具的共享和利用,还有很多挑战,最主要的挑战在于挖掘方式的标准化处理。国务院颁布的《促进大数据发展行动纲要》中提到要“推进大数据产业标准体系建设,加快建立政府部门、事业单位等公共机构的数据标准”,“推进数据采集、政府数据开放、指标口径、分类目录,交换接口、访问接、关键共性标准的制定和实施”,“积极参与ISO/IEC、ITV等相关国际标准的制定”。在目前的大数据挖掘工作中,原始档案信息资源普遍存在著录标准、组织标准不统一现象,这给档案信息资源的挖掘利用造成了困难。

因此,今后云计算技术、语义处理技术应用于档案信息资源挖掘时将呈现出挖掘方式标准化的趋势。在未来的档案工作中,各级档案机构首先要做好档案信息资源组织标准的构建工作,为跨媒体的语义处理和信息提取创造条件。要注重对现有档案信息资源组织标准的完善和对统一挖掘标准的理解和推广,实现大范围的档案信息资源标准化处理,从而使档案信息资源的挖掘方式实现标准化和统一化。同时,在云档案平台的构建过程中也应该注意标准化建设,需要由国家出台相关政策对云计算服务平台标准进行规范和指导,在具体的实践过程中,严格执行现有的档案数据著录与案卷级、目录级数据格式标准,还应总结问题出台新标准,以实现档案信息资源在未来更大范围内的资源共享、广域采集和标准化开发利用。除此之外,还应当注意在档案信息资源挖掘过程中如何参与制定与执行国际标准,建立起标准化的信息资源接收渠道,形成统一规范的接收协议。实现全球通用的档案信息资源执行标准是新技术在该领域得以普及和推广的重要保障。

建立统一标准,在该标准下对档案信息资源进行采集、整理,进而实现标准化的挖掘和利用,在现实中已经有了初步的探索。比如,浙江省丽水市完成了全市范围内的云档案信息共享系统的构建,该系统把市区及下辖9个县区的各数字化机关档案室、档案备份系统和云档案信息资源共享系统整合为一体,采用统一标准进行处理,大大提升了档案信息资源的挖掘效率,也为我国未来在全国范围内推行档案信息资源的标准化处理提供了借鉴。

第三节　档案信息资源的开发与利用

一、档案信息资源开发与利用的现状

(一)档案信息资源开发与利用的含义

档案信息资源的开发与利用就是在档案工作领域运用现代信息技术采集、处理、传递和使用信息资源,提升档案工作质量的过程。开发的任务是生成有用信息,通过信息的生产确保信息的供给。利用是实现信息的价值,

确保信息能够在各项活动中发挥作用,形成效益。可以说,档案信息资源开发是基础,利用是目的,两者互为因果,相辅相成。

(二)移动互联网环境下档案信息资源开发与利用的特征

在移动互联网环境下,档案信息资源开发与利用有了一些新的特征,把握变化才能更好地适应这一环境。

1.获取档案信息资源的途径增多

传统获取档案信息资源途径主要包括到馆获取、从档案编研成果中获取、访问档案网站获取。在移动互联网环境下,档案获取途径变得更加丰富,微信、微博、手机App等多种途径可供选择。在这些社交媒体的帮助下档案走进了千家万户。

2.时间上的碎片化

由空间的移动性导致了档案信息资源利用时间的碎片化。这一特点不仅要求档案信息资源可被随时访问到,还对档案信息资源开发者提出了新的要求。在移动互联网环境下,人们已经进入读图时代,档案信息资源展示形式应该与时俱进,图片、小视频是当前更受欢迎形式。另外,阅读时间碎片化对档案信息资源的内容也产生了一定影响,人们更加倾向于简单娱乐性的内容。因此,档案信息资源开发者应该把握住移动互联网环境下的新特点,提供用户需要的内容。①

3.空间上的移动性

移动环境指的是人或物处在不断变化的空间环境中,有专家提出:"在移动信息服务的过程中,用户及其所持终端是处于移动状态的,总是跨越不同地点,跨越不同情境。"一方面,这一特点为档案利用提供了便捷,用户获取和利用档案信息的空间自由度更大。另一方面,这一特点也对档案利用工作提出了挑战:移动空间环境中的干扰因素增加,用户对档案信息的利用呈现碎片化趋势,对档案信息的质量要求更高,移动环境对无线网络、信息传输等的技术要求也更高。

4.用户主导档案信息资源开发

在移动互联网环境下,网民的话语权得到增强,更加有利于表达自身诉求。传统的由档案馆主导的档案信息资源开发逐渐向用户主导转变,一些类似于"我需要的档案信息"的调查活动使用户加入档案信息资源开发的选

①李宁宁. 试析大数据时代的档案信息化管理[J]. 信息记录材料,2022,23(11):68—70.

题、选材、编辑，甚至是宣传推广中。利用者也是开发者，使档案信息资源利用率得以提升。

5.档案信息资源利用的深度增加

在移动互联网环境下，档案信息资源的利用从简单的实物利用向知识利用转变。档案的凭证性作用依然重要，但是在移动互联网环境下人们参考档案指导实践活动、利用档案信息进行创作、通过档案回忆历史的例子随处可见。档案信息资源开发利用深度不断加深。

（三）档案信息资源的开发与利用的现状

在移动互联网环境下，提供档案利用途径是十分必要的，目前档案工作在这一新领域取得了一定的成绩。

1.实践方面

移动互联网的发展给档案信息资源开发利用带来了巨大的变化，档案信息资源利用更加方便快捷。2013年江苏省句容市档案馆率先开通手机档案管服务，此后各种移动互联网服务迅速在全国各地拉开帷幕。这些新型档案信息资源利用的方式使档案利用效率得到了很大提升。微信与档案利用工作的结合始于2014年嘉兴市档案局微信公众号首次通过认证。微信属于社交媒体，用户多、即时性强，信息传播与社会交往相连接，地域性强。社交媒体上的信息传播同样遵循情报学的“小世界原理”（即无论世界如何大，人口如何多，联系多么困难，人际情报交流与传递总是能实现的）和“六度分离”实验结论（即世界上任意两个人之间的信息传递人际网络平均传递大约是6次），所以我们认为社交媒体的传播方式非但没有限制信息传播范围，反而具有巨大的潜力。

APP结合了通信和互联网的优势，加之云计算所拥有的强大信息资源，借助广大的终端传递服务，专门针对智能手机、iPad等移动设备所开发的应用。对于档案利用工作，APP可以集检索、咨询、互动、导航、建立读者账户等多项功能于一体。目前已经有浙江省的“浙江档案”、温州市的“档案云阅读”、广东省的“广州市国家档案馆手机智慧导览V1.0”等少数几个档案馆专门APP。

2.理论方面

2019年12月，以移动互联网及“档案”为主题在中国知网上对“中国期刊全文数据库”“中国博士学位论文全文数据库”“中国优秀硕士学位论文全文数据库”和“中国重要会议论文全文数据库”四个数据库进行检索，共搜出134篇论文，删除重复发表的论文和类似于新闻报道一类的非学术文章后，共搜出83篇有效论文。

从数据可以看出，我国档案学界在移动互联网环境下对档案的研究开始于2008年（第一篇论文发表）。2013年后档案研究开始引起学界关注（相关论文数量增加到15篇），从2015年开始渐渐得到更多学者的关注。目前，移动互联网环境下档案信息资源研究仍然处于初级探索阶段（相关论文共75篇），总体成果数量不多，研究层次有待深入。

目前关于移动互联网环境下档案信息资源的研究主要是对基本概念和应用技术的研究，这两类占比达到了70%，而在接下来的研究中我们发现应用技术方面的研究成果多是计算机专业领域的研究成果，涉及档案资源开发利用的内容不多。而我们对于现状的调查研究仅有2.7%，表明我们非常缺乏量化的现状调查，多属于理论性研究。案例研究占比8%，表明目前研究中缺少对已取得成果的案例的具体分析。另外，智慧档案研究占比5.4%，说明目前的研究层次及与现实档案工作的衔接仍需进一步提升。

二、档案信息资源开发与利用的策略

（一）科学定位，明确服务内容

下面从移动互联网环境下档案馆档案信息资源利用功能的服务对象和该定位所决定的服务内容两方面进行策略分析。

1.大数据思维锁定主要用户群

科学定位首先要解决“为谁服务”的问题。在移动互联网环境下，档案利用者的范围与数量总体在增加。这些利用者大致可以分为两类：一类是原有的档案利用者，这些人在传统环境下就是档案信息资源的利用者；另一类是在移动互联网环境下新产生的利用者，这些人主要通过微博、微信等社交媒体浏览档案信息。对于档案信息资源开发和利用而言，我们也可以利用大数据思维找到较为精准的利用者。对原有档案利用者，我们可以利用“档案利用登记表”“档案网站统计”收集到的数据分析利用者的共同特征，预测潜在的档案利用者，如对职业、学历、单位等方面的预测。对于移动互联网环境下的新利用者，我们可以对微信、微博等微媒体产生的数据进行分析，进而预测他们的特征。

2.精确设置服务内容

第一，移动互联网环境下档案信息资源的开发与利用必须体现出档案信息的资源优势。档案相较于其他信息，具有高度可靠性，因此档案信息的真实性是我们的优势。

第二，开发对用户有价值的信息，通过调查统计将开发内容的决定权交给利用者，我们可以在微博上展开类似于“你最需要的档案”的讨论，从而提出调查利用者需要的内容。

第三，发布有趣的内容，人们总是对秘密的事更感兴趣，我们可以开发那些大多数人都有兴趣的档案信息。

第四，推出“民生档案”，它们与我们息息相关，许多“老城记忆”类的档案信息不仅阅读量高还引发许多民众参与互动。

第五，反映热点的内容，紧跟社会热点不仅会吸引利用者目光，而且会增加利用者转发的可能性，增强用户推广欲望。

（二）精心选择表现形式

在移动互联网时代，人们对信息的要求更高，引人入胜的标题、直观形象的形式、简约友好的界面让档案信息资源的利用更有优势。

1.引人入胜的标题

在移动互联网时代，大量的信息充斥在人们的生活中，拟好标题是做好编辑的第一步。通过对“天津市档案馆”微信公众号的调查分析，以下几种拟标题的方法对提高“天津市档案馆”的关注度功不可没。对“天津市档案馆”119条推送信息进行了统计，平均每条信息的阅读量为1159次，高阅读量标题主要有下面几种，如表6-3所示。

表6-3　几种常见的高阅读量标题类型

标题类型	举例（阅读量）
口语对话型	老天津卫的小买卖：“卖凤梨”的您见过吗？(2786) 《生活老照片》献给“70后”，我们出生时世界是这样的(2544)
提问式	馆藏珍品：传说中的大龙邮票长啥样？(863) 《原档品读》你见到过真实的“良民证”吗？(902)
悬念式	微展：民国老山海关汽水，保你没见过！(1414)
惊爆型	《口述档案》：目睹拆鼓楼谣传曾拆出七尺长“蝎子精”(1159)

2.直观形象的形式

通过对“天津市档案馆”的统计，我们发现表现形式对阅读量有直接的影响，图片形式的阅读量是文字形式的46倍，图文形式的阅读量是文字形式的33倍，由此也可看出我们已经进入了读图时代。另外，微视频、小视频的形式越来越受到广大用户的喜爱。“天津市档案馆”在2015年7月8日发布的“1989年老西北角街景珍贵视频：追寻26年前的回忆”在48小时内阅读量便突破了10万次，在群发后的7天内总阅读次数达到17.33万次。这是目前档案微信公众号文章取得的最高访问量，其中视频形式产生了很大影响。

3.简约友好的界面

在移动互联网环境下，用户获取利用档案信息资源的简约化是发展趋势，友好简单的页面是优质服务所不可或缺的。以微信档案公众号为例，一般设有两级菜单，一级菜单下设二级菜单，一般为3—4个，要求菜单名称文题通俗易懂。另外，菜单总体应该尽可能覆盖利用者需要的功能，但又不可太过复杂，影响利用。

（三）合理选择传播途径

1.微博发布信息

2016年4月，中国互联网络信息中心发布了《2015年中国社交应用用户行为研究报告》，报告指出中国网民在最近半年使用过社交应用中，新浪微博的使用率达到了43.5%。调查显示“就微博的使用目的而言及时了解新闻热点的提及率为72.4%，在使用目的选项中居于首位”。所以，微博对新闻热点的传播具有其他方式无可比拟的优势。我们可以利用微博发布档案信息资源开发与利用方面的通知。

2.WAP检索信息

WAP是一个用于向无线终端进行智能化信息传递的无须授权、不依赖平台的协议。它是针对小屏幕、低连接率和小内存设备的上网需求而设计的。用户可以利用手机或其他的无线设备获得相关Internet/Intranet信息。通过WAP，档案部门可以提供诸如移动馆藏目录查询，个人利用信息查询、在线移动利用等服务。WAP可以连接数据库，实现档案信息资源检索，是微信、微博等简单灵活的方式所不能实现的，所以WAP方式应该重点用于档案信息资源检索工作。目前山东档案馆、湖南档案馆等许多档案馆都有WAP或者网站检索功能。

3.微信促进互动传播

微信是腾讯公司于2011年1月21日推出的一个为智能终端提供即时通信服务的免费应用程序。2015年6月腾讯公司发布的《2015微信用户数据报告》显示截至2015年第一季度末,微信每月活跃用户已经达到5.49亿,有近80%的微信用户关注了微信公众号。2016年4月中国互联网络信息中心发布了《2015年中国社交应用用户行为研究报告》,报告显示"和朋友互动,增进和朋友之间的感情"是人们使用微信的主要目的,提及率为80%。

通过以上特征,我们可以发现微信的优势主要在档案信息资源的阅读、推广和档案信息资源利用的咨询功能上。首先,微信用户基数大,用户使用时间长;其次,微信作为社交媒体,其上的现实生活中的联系人占到了80%—90%,为档案信息资源的分享提供了优越条件;最后,微信公众号中的"自动回复"功能使档案利用咨询可以实时实现。

4.档案APP

对于综合性档案馆而言,开发一款优质APP的成本要比开通微信公众号、档案馆微博以及开发WAP网页等的成本要高。另外,2015年1月22日第三方数据服务提供商TalkingData发布了《10亿说:行业精细发展,O2O热度空前》分析报告,报告显示全国平均每部移动设备上安装了34款应用,同时每部设备上平均每天打开应用20款。由于档案信息资源的特性使档案信息资源的利用呈现刚性特征,因此专门下载安装档案APP的用户较少。

(四)分阶段生态推广

1.主动推广阶段

第一阶段是开发者主动采取措施进行推广。"吃在重庆"通过已有的微博账号对微博粉丝向微信公众号导流、宣传等进行推广。天津市档案馆在2016年4月公布的"全国档案微信公众号排行榜"中名列第一,推广效果显著。其他诸如利用新闻报道、电视节目来宣传推广也属于第一阶段,下一步我们应该注意转向依靠内容实现自动推广。

2.自动推广阶段

第二阶段,"吃在重庆"不再进行主动推广宣传,依靠原创的热门文章进行自动推广。目前“吃在重庆”阅读量超过10万次的有20篇，破百万次的有8篇。由投入推广到自动推广，由依靠人力、物力到依靠内容，“吃在重庆”已经可以称为健康生态的推广模式了。在档案领域，目前尚未有实现稳定自动推广的档案类账号，所以我们应该注意充分开发利用档案馆独特的资源，打造热门文章，使内容本身成为服务推广的动力。

总之，移动互联网环境下档案信息资源的开发和利用是传统档案信息资源开发利用的延伸和补充，是目前档案工作的新领域。技术的发展带动档案信息资源利用需求和利用形式的变化，在当今移动互联网环境下，挖掘档案信息资源，开发档案信息成果，依托移动互联技术分析各项服务方式的特点，将其对档案信息资源开发利用的价值最大化地发挥，是档案馆顺应时代发展，更好地服务社会实现转型的必由之路！

第七章　档案信息化管理的创新应用

第一节　大数据时代档案信息化管理

在大数据环境下，我国档案管理工作发生了一定变化，其中包括理论和体制变化，一些新的管理理念逐步产生，档案信息的安全性和服务性有了进一步发展。此外，档案管理最重要的方面是数据量大，覆盖面广。这样的管理方式不仅丰富了文件收集方法，也丰富了内容管理方法。从服务模式的角度看，档案管理工作的服务对象和内容发生了重大变化。从档案保密的角度来看，最明显的变化在于档案保存模式，经济保密和技术创新上的变化。在这一阶段，我们必须明确大数据时代的到来只是时间的问题，接受档案管理的变革是不可避免的趋势。因此，档案管理部门应探索更加科学有效的资源收集整理方式，运用更先进的信息采集手段扩大数据容量，扩大基层群众的档案资源范围。只有这样才能更好地为人民服务，开展档案管理工作。

所谓的档案信息管理，指的是利用现代信息技术，以档案资源为管理对象，实现档案管理现代化的过程。在大数据和移动互联网高速发展的时代，先进的信息管理技术得到广泛应用，档案信息化管理不单是为了适应社会的信息发展，也是对信息档案资源进行保护的另一种途径。不断推进档案的信息化管理对提升各单位的档案管理水平有一定意义。

档案信息管理是大数据时代对的基本要求。档案管理数字化存储、档案信息网络化传输、智能化技术开发等都是档案信息资源在各单位中的具体作用。大数据所运用的信息管理模式与以往相比有很大的不同，它完全由数据主导线索，以一种自上而下的方式来发掘数据。而传统的信息管理方法需要先设定研究方向，相比之下，大数据时代的高效性显露无遗，通过寻找数据中的内在价值，发掘其与相关技术的联系，根据相互关系建立模型。在这个过程中，人们不仅可以得到相应的理论知识，获得新的认识，还可以更新思想认识。相比之下，传统的信息管理模式无论是从经济理论还是社会经验来看都无法适应发展。大数据时代的出现,对于传统的研究方法是一种巨大打击,目前的信息处理工作已经做得很好。信息管理的过程应适应社会的发展需求逐步变得严格起来。随着大数据时代的发展,人们并不会仅满足于此,还将逐步提升其管理的要求。①

大数据对人们的生活方式产生了严重影响,因此开启了重大的社会转型。随着大数据时代的到来,在档案管理过程中,人们对于档案信息管理又有了新的认识,给相关的档案管理技术提出了更高的要求。作为一种历史载体,说到底,档案其实是一种数据象征。档案的信息化管理是一种利用现代技术对信息进行收集管理并统计的一整套过程,提升档案的前端控制,适时地提高档案信息的管理水平,这是大数据时代下必然的发展趋势。

一、转变传统观念,增强单位档案管理意识

档案是一种宝贵的稀缺资源,要提升档案的价值以及相应的服务质量,档案管理就显得十分重要。大数据时代,各单位必须转变传统的档案管理观念,正确认识档案管理工作的意义,把档案作为一种宝贵财富和最宝贵的资产,将其提升到一定高度。同时,我们必须树立"大数据、大文件、大服务"的新理念,利用现代技术加快档案数字化处理以及服务平台的建设,有效振兴现有档案资产,对档案所存在的资源进行深度发掘,放大档案使用功能,加快档案管理信息化和现代化的转型。

二、发掘档案管理所存在的内在意义

随着大数据时代的到来,各单位所产生的数据越来越多,对于各单位的档案信息管理不能再像之前一样只是对数据进行整理,而是要对档案的实质内容进行发掘,提取里面有价值的信息内容。尤其在信息化时代,各单位更应该提升对资源的利用程度,将信息的价值资源最大化。从另一方面来看,档案管理工作其实也是对知识的一种管理,所以各单位要实现档案的信息化管理,必须提升单位的知识管理水平,整合档案数据信息的价值资源。

三、提升单位管理人员的管理素质

档案管理工作的高效性与档案管理人员的素质有着不可分割的关系。档案管理人员要更新观念,时刻学习新型的知识技术,适应单位发展要求。

①田兵兵.从知识管理出发创新档案信息资源管理策略[J].北京档案,2021(05):36—38.

相关单位工作者需要培养具有创新意识的管理人才，探索新的管理工作方式，了解档案管理的规律，不断丰富自身的知识，只有做好创新，才能跟得上时代脚步。可以说，创新是单位之间竞争的重要因素，管理者应努力提高自身素质，注重培养自己的创新能力，积累工作经验，成为档案管理的核心团队。

四、优化档案信息知识库

随着大数据时代的到来，对于档案信息管理的要求也越来越高。档案以数据的形式存储在计算机中，便于查找和存储。相关人员在对单位的档案进行管理的过程中要注意计算机的安全性，及时维护、数据备份，加强计算机系统的维护，通过计算机的便捷性对数据进行分类和整理，让档案信息发挥更大的作用。

五、完善档案信息管理的相关制度

提升单位档案信息管理水平，首先就需要对管理制度进行完善。相关单位在建立档案信息管理系统时应根据实际情况，结合我国《档案法》《电子档案管理规范》等相关法律法规，借鉴其他先进经验和实践经验，不仅要建立和完善电子归档存储系统、数据档案管理维护系统，更应该把重点放在加强档案信息系统安全上，保障数据的完整性，提高档案的社会服务能力。此外，进一步完善数字档案工作的检查、考核和评价制度，增加相应的激励机制，调动档案信息管理人员工作的积极性，全面提高档案工作质量，有利于提升单位档案信息管理的效率。

大数据时代，相关管理者应该转变观念提升档案的管理意识，吸引更多的专业人才加入档案管理的工作中来，不断完善档案管理的相关制度，将档案信息管理工作提升到一个新的高度。

第二节　知识管理与档案信息化管理

一、知识管理与档案信息资源建设的融合

（一）知识管理是适应经济发展的必然选择

知识管理是运用信息技术，通过对知识的取得、整合、转换、分享、应用

与创新等一系列活动，使知识不断产生、累积与升华，以便更有系统、更有效地运用知识去创新管理。在知识经济时代，知识因素参与经济活动的程度越来越高，在以提高竞争力为目的的经济活动中，知识取向愈加明显。在此条件下，建立知识型单位和各类知识型组织是管理活动的客观需求，并逐步成为社会的共识。就档案信息管理而言，其发展只有融入知识经济中，才能充分发挥档案信息的潜在价值，实现全方位效益。知识经济的显著特征在于知识成为最重要的生产要素，因此将档案信息价值上升到知识层次理应成为档案信息管理活动的首要目标。信息技术的发展和高科技手段的运用，使档案载体的多元性、内容的创新性以及管理手段的高效性更为突出，追求高效、优质的服务理念引发了档案信息管理的新思维，档案信息的自动化、网络化管理应运而生，这些环境和机制的转变都是档案信息管理适应知识经济发展所做出的调整与选择。

（二）档案信息资源建设应被赋予新的内涵

档案信息资源是适应生产力的发展水平，通过人类的参与而获取的可利用的档案信息的集合。除了具有信息的共性外，又具有自身的特性，即本源性、积累性和内向性。"建设"一词具有创立、建立、增加之意。档案信息资源建设含义可以表述为：档案部门对本区域、本领域、本单位的档案信息资源进行合理配置、分析研究，最终建立档案信息资源库的一系列活动的总称，属于档案管理工作的范畴。我国的档案管理工作，在过去很长一个时期，人们都认为有6个环节：收集、整理、鉴定、保管、统计和提供利用。后来，逐渐把编目与检索、编辑与研究也列入档案管理工作的基本内容，从6个环节增加到8个环节。随着信息时代的发展，档案管理的传统理论迎来了变革和创新，档案信息资源建设的工作内容也随之丰富起来。笔者认为，档案信息资源建设应该包括收集、整理、鉴定、保管、统计、编目与检索、编辑与研究7个环节，与提供利用共同构成档案管理工作整体。档案信息资源建设按照档案信息的加工处理程度划分为两个阶段：实体收藏（收集、整理、鉴定、保管、统计）和档案信息资源开发（编目与检索、编辑与研究）。实体收藏是档案信息资源开发的基础，其成果是收集齐全、整理有序的档案实体。档案信息资源开发是围绕社会需要，利用专业方法和现代技术，从收藏实体中发掘有用的信息材料进行编辑和研究，强调档案信息的加工处理，是档案信息资源建设的高级阶段，其成果是配置合理、高度整合的档案信息资源库。[①]

（三）在知识管理下的档案信息资源建设是时代发展的要求

当前，档案信息资源的作用日益凸显，档案管理工作的内容不断升华。有人认为档案馆作为档案集中保管与利用基地，具有应用档案信息资源为现实服务、替未来着想的独特作用，并指出要把档案馆建成思想库，更好地发挥档案作用。有人明确指出，在知识经济时代的档案管理将成为知识管理，档案服务成为知识服务，档案机构的核心功能将是档案服务与开发能力。这些论述体现了档案界对档案信息资源进行了重新定位，对利用知识管理的理念和方法把档案信息资源建设成为知识型、思想型资源已有了明确的认识。

档案信息虽不等同于知识，但档案信息包含着知识。档案信息资源作为知识经济时代重要的战略资源，其重要性很大程度上体现在档案信息能够转化为知识，能够服务于生产力的发展和社会的进步。档案信息资源建设与知识管理有着密不可分的联系，基于知识管理的档案信息资源建设是新时期档案馆履行其文化使命的必然选择。档案工作者必须对知识管理理论有清晰的认识，将这种全新的管理理念与管理方法融入自己的领域，在知识经济时代提升自身工作的价值，为社会的发展发挥更大的作用。

二、知识管理视角下档案信息资源建设的策略

（一）发挥专业优势，优化档案信息资源结构

收集本区域、本领域、本单位的档案是档案部门的职能使命。档案工作者在长期的工作实践中积累了这方面的经验，具备档案信息资源收集、鉴定和整理的专业优势。如今，档案不仅是组织内本源性的历史记录，而且是重要的战略资源，除了发挥档案的凭证价值外，更要注重档案参考价值的开发。在实体收藏阶段，特别是档案收集、鉴定过程中就应注入知识管理的理念，不仅要收集正式文件，而且要加强相关文件和外部信息的收集，这样建立的档案信息资源体系才有利于档案信息连续性管理和隐性知识的挖掘。

另外，收集归档要坚持数量与质量并重的原则。档案工作者充分认识

①王文江．数据挖掘技术在城建档案信息管理中的作用[J]．城建档案，2019(03)：13—14.

到利用需求的不断增长与馆藏数量有限、结构单一之间的矛盾日益突出，对丰富馆藏、优化结构已达成广泛共识。然而，实际工作中不能将其等同于盲目地扩大收集归档范围，造成进馆数据急剧膨胀、档案信息组织无从下手的尴尬局面。因此，归档范围的扩大是有限的扩大，是以挖掘隐性知识为目的的扩大。确定归档范围和鉴别进馆是一个知识评价的理性过程，是优化档案信息资源结构的关键所在。

（二）更新管理理念，注重隐性信息的挖掘

目前，档案部门还存在注重档案保管与实体控制而轻视档案资源开发利用、注重显性信息的获取而轻视隐性信息挖掘的现象，在实际管理中具有严格制度化、程序化、规范化的特点。正如有些学者指出："由于档案实体排放具有单向线性存放特点，建立在这种基础结构上的档案信息资源开发，无论是在用户需求的适应性，还是档案信息内容的利用上都受到一些限制，客观上制约了档案信息资源的深层次开发与利用。"因此，档案的保管不能拘泥于历史记录的保管，而应组织其内容信息并融入价值创造过程中为现实服务，充分发挥档案的情报价值，充分运用知识管理理念，有利于档案信息的组织。

（三）摒弃保守观念，促进知识的流转与互动

档案信息资源建设要以社会需求为驱动力，以服务利用实现档案信息价值为最终目的。因此，档案信息资源建设不是一个孤立的、封闭的过程，而是与服务利用紧密联系、相互促进的过程。档案信息资源建设是服务利用工作的基础，其建设水平的高低决定着服务利用的效果；而服务利用的需求和效果又反馈于档案信息资源建设，指导着建设的方向和步骤。在档案信息资源建设过程中，应该摒弃传统的保守观念，在兼顾保密性要求和所有权限制的基础上，最大限度地提高档案信息资源共享水平，疏通利用需求的反馈渠道。

（四）加强环境建设，提高档案工作者的创造性

知识经济时代背景下的档案信息资源建设，需要具备一些必要的物质条件和组织氛围。只有组织成员都能站在共享知识、创造知识的高度，才能使处于分散状态的档案信息集中管理，处于隐性状态的信息物化归档，处于静止的档案信息流转互动为组织发展所必备的战略资源。档案信息资源是

组织成员的共同财富。知识管理的理论为档案信息资源建设提供了许多有益的启示,但在实践环节还有待进一步摸索和总结。

第三节 数据挖掘技术与档案信息管理

在科学技术飞速发展的推动下,网络信息技术不断成熟、完善,其应用领域也越来越广泛。在日常生活中,利用网络计算机技术收集整理信息的效率日益提升。在工程开发、科学研究、政府办公、商业管理等行业,都有与其行业相关的数据库。数据库的建立,在很大程度上为各行业的工作提供了便利,但也存在一定的问题。数据库内容丰富,包含所有与行业相关的信息,而实际上,各行业对数据库知识的理解和掌握都不够,在分析和处理数据时,很难获取所需的有用信息。在数据库管理中应用数据挖掘技术,解决了知识的缺乏问题,提高了信息获取的可用性和准确性。

一、数据挖掘技术概述

数据挖掘是从数据库中获取所需信息的一个过程,数据库中的数据内容丰富,但具有一定的随机性,不够完整。利用数据挖掘技术所提取出来的信息,大多是数据库中的隐性信息和潜在信息。计算机技术在计算机的普及下,不断发展创新,数据挖掘技术作为计算机技术的一种,应用最为广泛。数据挖掘技术是基于统计学和人工智能技术而开展的一种应用技术,通过人工智能的自动化技术,对原有数据进行高度分析,通过进一步的推理,提取挖掘所需的潜在隐性信息,为决策提供有效依据。[①]

数据挖掘技术形成于20世纪后期,在发展初期,其应用领域相对比较小,所采用的方法一般为关联分析法、序列模式分析法、分类分析法、聚类分析法、孤立点分析法。关联分析法是通过缩小数据范围,在频繁出现的数据信息中,根据信息之间的关联性进行数据整合。序列模式分析法是根据数据的模式和过程,分析出数据之间的潜在联系,与关联分析法在目的上一致。分类分析法是通过确定具有典型特征的数据模型,以此为依据分类识别未知数据。聚类分析法是根据特定数据分析对象,找出数据之间的价值

①计算机信息技术与档案管理研究[M]. 长春:吉林出版集团股份有限公司,2019.

联系。孤立点分析法是通过挖掘数据库中的特殊数据,对影响设备运行的这些孤立数据进行处理。

二、数据挖掘技术的形式

数据挖掘技术的形式包括分类、相关规则和粗糙集。分类是数据挖掘技术的关键,数据的属性分析以及数据收集的质量都与分类密切相关。分类是通过分析数据属性,根据不同的类型对元组进行划分的一个过程。在元组划分的具体过程中,会形成相应的数据训练集,以此作为划分和处理部分数据的依据,而另外的部分数据则需进行测试,根据测试结果按照相应的规则进行分类。在实际的分类过程中,需要确定分类的范围,分析出目标的属性,形成数据训练集,对数据属性进行研究,选择合适的算法进行分类计算,根据测试结果选择相应的测试集,验证测试数据的分类规则,最后输出分类的规则。

相关规则在数据挖掘技术中是一种比较简单、实用的形式。相关规则能够准确地描述有关数据的信息特征,对数据的分析比较严格。在使用相关规则的过程中,主要是通过描写具体事物,结合这些事物之间的相同属性,在概况总结中呈现事物之间的相同属性和模式。关联规则通常会在数据库中得到直接应用,对各个事物的相应数据进行统一记录,一方面保证数据记录的准确性,另外也缩小了搜索数据的范围,从整体上提高了系统的运行效率。

粗糙集在数据挖掘技术中的应用主要是作为一种数学工具,用于研究不确定和不精确的数据信息,在整个系统中有明显的使用优势。粗糙集在实际使用过程中,不需要了解相关信息,运算方法简单且容易操作。粗糙集可以发现数据库中的异常数据并对其干扰进行排除,通过分析这些数据的相同规律,以表格的形式进行整合,最终形成可供使用者进行参考的决策表。另外,应用粗糙集可对数据库中不确定的数据信息进行处理,提高数据挖掘的效率。

三、数据挖掘技术的应用

(一)应用方法

档案信息管理系统中数据挖掘技术的应用方法包括档案分类法、档案收集法和档案保留法。档案分类法是根据一定的分类标准,对档案信息进行分类整理的一种方法。通过分析档案的属性,将具有相同属性的档案进行归类整理,在数据挖掘技术中应用档案分类法,可以将所有的档案按照类别进行详细划分,管理员可以此为依据对档案进行分类管理,提高档案检索的速度和效率。档案收集法是通过分析和描述数据库中的有关数据,建立可供使用的模型,对比测试样本和模型,将与测试样本相同的模型作为档案分类的依据。档案保留法是针对老员工流失所采用的一种控制档案流失的方法。在某些单位,新员工的使用成本远远高于老员工,因此要控制老员工的流失,就需要了解其档案流失的具体情况,通过详细分析,针对档案流失的原因,采取有效的解决措施,改善档案流失情况,从而留住老员工。

(二)应用意义

在档案信息管理系统中应用数据挖掘技术,一方面加强了档案信息的安全管理,提高了档案的使用服务水平,另一方面也提高了档案信息的管理水平,节省了档案管理的费用。档案信息一般实用性比较强,有一定的实际价值。这些档案信息大多具有重要的历史意义,其价值会随着保存时间不断提高。而在这些档案价值提升的同时,相应的使用频率也会越来越高,这在一定程度上对档案的保存工作造成了困扰,频繁使用必然影响档案的保存寿命。对于保密性比较强的档案,使用范围一般比较小,不易出现问题,但在监控上的疏忽会使机密外泄。数据挖掘技术在档案信息管理系统中的应用,解决了档案保存和使用之间的问题,有效强化了档案信息管理的安全性。通过运用数据挖掘技术,可以详细分析档案的使用情况,根据其使用目的,增加部分档案的使用价值,从而提高这些档案的使用服务水平。

另外,在档案信息管理系统中应用数据挖掘技术,改变了传统模式,使档案信息管理系统不断发展和完善。应用数据挖掘技术,减少了不必要的时间,处理档案信息数据的速度加快,管理人员的工作水平和效率得到相应的提升。档案鉴定作为档案管理工作中的一个重要内容,通过运用数据挖掘技术,有效避免了档案的流失,促进了档案鉴定工作的顺利进行。

第八章　档案信息化管理技术的创新应用

第一节　计算机档案管理技术

计算机技术应用于档案管理的主要领域有：档案计算机著录和自动标引、计算机档案编目和检索、计算机辅助立卷、文档管理一体化、档案原文存贮与检索、计算机档案业务工作辅助管理、档案资料的自动编辑、档案保管环境的自动控制、字迹褪变档案的信息增强和恢复性处理、多媒体档案信息存贮和管理、档案管理网络化和信息化等。

一、计算机档案著录和自动标引

（一）计算机档案著录

计算机档案著录就是由计算机辅助人工来完成对反映档案文件外部和内部特征的各种信息，包括文件编号、档号、题名、责任者、分类号，主题词、密级、保管期限、规格的采集和编排，使之有序化的过程。

1.计算机档案著录的一般流程

（1）档案信息的采集

档案信息的采集是指对将要著录的档案收集其手工著录卡片、案卷目录或文件目录、档案原件等相关的原始材料，为档案信息著录做好准备。

（2）档案目录数据库的建立和项目设置

具体包括建立档案目录数据库、设置档案著录项目、定义项目类型和长度等。目前，很多文档管理软件已经设置好了文书档案数据库著录项目格式，向用户提供其他种类档案（如会计档案等）数据库的建立以及著录项目的增、删、改功能。档案部门应按照《档案著录规则》和《中国档案机读目录标准》的要求，结合本单位档案工作的具体情况设置著录项目、定义项目类型和长度。[①]

(3)数据输入与保存

数据输入是指将手工著录卡片、案卷目录、文件目录、档案原件等按照数据库设置的项目格式输入计算机的过程。

2.著录项目

档案计算机著录项目必须按照《档案著录规则》和《中国档案机读目录格式》的要求来设置。例如,在文件级档案目录著录中,必须著录的项目包括档案馆代码、全宗号、年度、件号(馆编)、正题名、并列题名、责任者、文件形成时间,选择著录项目有件号(室编)、组织机构、问题、附件、稿本、密级、保管期限、文件编号、分类号、关键词(主题词)、载体类型、数量和规格、附注等。

(二)档案自动标引

档案自动标引是指采用计算机技术自动对档案文件(案卷)的题名、摘要或正文进行扫描和词频统计,直接抽取关键词或对照机内主题词表和分类表将抽取的关键词规范成主题词或分类号的过程。从标引的深度来看,档案自动标引有全文主题标引和题名主题标引;从标引技术的应用来看,包括抽词标引和赋词标引;从选用的标引词来看,包括关键词标引和主题词标引。由于受到汉字输入、存储容量及软件技术的限制,目前档案部门大多采用题名关键词自动标引,有的单位已经开始了全文主题自动标引和全文自动标引系统的研制工作。

二、计算机档案编目和检索

计算机档案编目是在对档案机读目录进行处理的基础上,利用计算机的检索、排序和打印技术,将计算机内的档案目录信息按照一定的规则体系集合排列,自动编辑和打印各种档案目录的过程。

(一)计算机档案编目的基本功能

1.自动提供档案标准目录格式的编目

如案卷目录、卷内目录、全引目录、归档文件目录等的编辑和打印。

2.自动提供各种档案自由目录格式的编目

如专题目录、分类目录、科技档案目录、人事档案目录等的编辑和打印。

①金波.档案多媒体编研研究[M].上海:上海世界图书出版公司,2020.

（二）计算机档案编目的过程

1.按照用户的需求

在档案目录数据库中检索、收集相关的目录信息，保存在一个临时的数据区域里。

2.对临时区域里的档案目录信息按用户的要求进行排序处理

既可以按照单一条件排序，也可以按照两个以上的组合条件进行排序，前者如卷内目录编目按照文号进行排序，后者如革命历史档案目录编目就可以按照时间和档号两个条件组合来排序。

3.输出不同格式的目录

包括标准格式输出、自动生成格式输出、输出到文件再排版输出等方式。

（三）计算机档案编目的输出版式

档案计算机编目的输出版式主要有簿册式和卡片式两种。簿册式目录又称书本式目录，是以表册的形式，将案卷或文件目录的条目按一定的规则编排，打印在纸上，形成目录簿册。簿册式目录的编辑需遵循档案工作国家标准《文书档案案卷格式》和行业标准《归档文件整理规则》有关规定。卡片式是将一个案卷或一份文件的目录信息按一定的规则编排，打印在纸上，形成卡片式目录。

（四）计算机档案检索

计算机档案检索是指利用计算机及网络和配套设备，根据利用者的要求制定相应的检索策略，从计算机档案数据库中获得所需档案信息的过程。计算机档案检索从不同的角度划分，具有不同的类型。例如，按档案数据库的性质，分为目录型、事实与数值型和全文型检索；按计算机处理方式，可分为脱机检索和联机检索；按检索服务的方式，可分为定题检索和追溯检索；按检索语言，可分为受控语言检索和自然语言检索。

三、计算机辅助立卷

计算机辅助立卷是指根据文件的归档立卷参数自动进行立卷。

（一）设置案卷的有关参数

案卷的有关参数包括案卷题名、案卷日期、案卷密级、保管期限、案卷主题词（分类号）等。

(二)进行逻辑组卷

一般有两种逻辑组卷方式:自动组卷方式和手工组卷方式。自动组卷时,用户可输入相关组卷条件,如档案类型、时间、保管期限、密级、主题词(分类号)等,由计算机自动将符合条件的文件添加到卷内,还可对自动组卷的结果进行处理,包括移出、添加文件,按某一特征对卷内文件进行排序等。手工组卷是指不通过系统批量组卷,而是利用键盘或鼠标拖动文件到指定案卷内,从而实现灵活组卷。

(三)案卷编辑

案卷编辑包括编辑案卷题名、生成卷内目录、编制案卷备考表等。

(四)打印输出

根据国家有关案卷格式和规格的规定,打印输出案卷封面、生成案卷目录、编制案卷备考表等。

(五)物理组卷归档

物理组卷归档以逻辑组卷为基础。具体有以下几种情况:完全按照逻辑组卷结果进行物理组卷;借助逻辑组卷简化立卷工作,物理组卷与逻辑组卷结果不完全一致,如一个逻辑卷可以对应多个物理卷,或者几个逻辑卷构成一个物理卷;按照大流水号对归档文件进行排列,不进行物理组卷而实行逻辑组卷,在逻辑组卷的基础上进行档案检索。

四、文档管理一体化

文档管理一体化既包括文件、档案实体管理的一体化,也包括文件、档案管理体制、组织机构、管理规范等方面的一体化。文档实体管理的一体化是指在文件的生成、流转、归档保存、销毁或永久保管的整个生命过程中实现统一控制和全面管理。

文档管理一体化管理软件的主要功能是:利用计算机技术起草文件、完成文件的收发、运行管理、自动组卷、归档、著录标引、编目(编制案卷目录、卷内文件目录、全引目录)、检索、借阅、统计等等,融合了文件管理和档案管理的主要业务工作,极大地提高了档案工作的效率。文档一体化管理系统一般包括四个子系统,即文件管理子系统、归档子系统、档案管理子系统、系统维护子系统。

五、档案业务工作计算机辅助管理

档案业务工作计算机辅助管理是指利用计算机技术对档案的收集、整理、鉴定、保管、利用(借阅)、统计等档案业务工作进行辅助管理。如档案自动借阅管理包括利用计算机系统进行借阅登记、归还登记、提供借阅预约登记、打印催还通知单等,提供档案库存、借出、归还等信息。档案自动统计可以对馆藏档案数量、利用情况等进行数据统计和分析。

六、档案保管环境的自动控制与档案信息增强、恢复

档案保管环境的自动控制是指利用计算机技术对档案保管环境的温度、湿度、防火、防盗等进行自动监测和管理。此外,可通过计算机图形处理技术对发生字迹褪色、字迹扩散和污染覆盖的档案进行信息增强和修复性处理。

第二节　多媒体档案管理技术

多媒体技术是指利用计算机对文本、数字、图形、图像、声音等不同媒体的信息进行综合集成管理的技术,即通过计算机将多种媒体信息进行综合,使它们之间建立起逻辑连接,并对它们进行采样量化、编码压缩、编辑修改、存储传输和重建显示等处理。多媒体技术的研究领域非常广阔,涉及计算机硬件、软件、计算机网络、人工智能、数字出版等,其产业涉及电子工业、计算机工业、大众传播和通信业等多项产业。

一、多媒体技术的特点和内容

多媒体技术具有如下特点。

(一)多样化

媒体的多样化和媒体处理方式的多样化。

(二)集成性

在数字化处理的基础上,对各种媒体信息的集成管理。

(三)交互性

与传统媒体信息传递的单向性和用户接受的被动性不同,多媒体系统

与用户之间具有良好的交互性。用户通过与系统的交互和沟通，能有效地进行学习和思考，进行系统的信息查询和统计。

（四）实时性

用户与多媒体信息检索系统之间的交互可以实时进行，能够及时更改查询条件，调整检索策略，提高信息检索的效率。多媒体技术的主要内容有：多媒体数据压缩和图像处理；音频信息处理；多媒体数据库及基于内容的检索；多媒体著作工具，包括多媒体同步、超媒体和超文本等；多媒体通信与分布式多媒体，包括CSCW、会议系统、VOD和系统设计等。

二、与多媒体技术有关的关键技术

（一）数字信息处理技术

包括模拟信号与数字信号的相互转换，文本、数值、图像、音频、视频的编码和解码技术。

（二）数据压缩和编码技术

数据压缩是通过数学运算将原来较大的文件变为较小文件的数字处理技术，它实际上是一种编码，即对数据表达式的一种压缩式编码。数据压缩的基本特征就是把某些表达式中的字符串（如ASCI）转化成包含相同信息但长度尽量短的一个新串，其目的是减少数据的冗余度，提高数据密度的有效性。图像、视频、音频等媒体信息量巨大，必须通过压缩和编码才能方便传输和存储，如在遥感技术中，各种航天探测器采用压缩和编码技术，将获取的大量信息送回地面。与数据压缩和编码相关的国际标准有静态图像压缩标准——JPEG标准和动态图像压缩标准——MPEG标准。

（三）媒体同步技术

媒体同步技术是指协调媒体流的实时演示以及维持媒体间时序关系的技术。同步一般指多媒体系统中媒体对象间的时间关系，广义上则包括内容、空间和时间关系。时间关系是指媒体对象出现的时序关系，在此，应考虑媒体对象间通过消息传递或状态访问产生进一步动作的制约关系，以及多媒体演示过程中用户交互对媒体对象活动的影响。媒体对象包括时间相关的媒体（如音频、视频、动画）和时间无关的媒体（如文本、图形、图像）。媒体对象间的同步由时间相关的媒体对象和时间无关的媒体对象之间的关系组成。如电视中视觉信息和听觉信息间的同步，属于连续媒体间的同步；幻灯演示中画面显示与音频流之间的同步，则属于时间相关的媒体和时间无关的媒体之间的同步。[①]

（四）多媒体数据库技术

传统的数据库管理系统主要适应于格式化和结构化的数据，而文本、图像、语音、动画、视频等都是非结构化的数据，多媒体数据库管理系统需要解决对非结构化数据的集成管理问题和交互性问题。

（五）多媒体网络技术

多媒体技术与网络技术、多媒体通信技术的结合使多媒体信息服务和应用拥有了广阔的发展前景。多媒体网络技术和服务的主要领域包括：多媒体远程会议、超高分辨率图像系统、VOD（视频点播）系统、数字图书馆等。

三、多媒体技术在档案信息存储与检索中的应用

档案材料中既有大量的纸质文件，还有大量的照片、录音、录像和工程图纸。随着多媒体计算机技术的发展与成熟，计算机档案管理可由对档案目录信息的管理深入到对图、文、声、像等一次档案文献的直接管理，使用户获取生动、直观、全面的多种媒体档案信息。利用多媒体技术，将本地区、本部门举行的重大活动及召开的重要会议的实况录像、录音等存储在多媒体数据库中，可随时调用查阅。对于利用者而言，档案由枯燥的文字形式变成了集音频、视频和动画于一体的立体信息，可提高档案的利用率。另外，多媒体档案信息查询可避免利用者查阅整本案卷时翻阅其他文件的可能性，减少了对档案原件的磨损，并能够起到一定的保密作用。

第三节　档案信息存储技术

一、档案缩微存储技术

档案缩微技术是利用摄影的原理，把档案原件的信息按照缩微摄影记

---

①谢永宪．中国数字档案信息长期保存的策略体系研究［M］．北京：研究出版社，2019.

录在感光材料(如缩微胶片)上,形成依靠缩微阅读器等放大设备阅读信息的一种档案复制和信息存储技术。缩微技术的使用,可以大幅度地节省保管空间,节约大量的经费,对于需要长期保存的保单、病历、传票、珍贵手稿、文件、图纸等档案资料均可使用缩微胶片处理。

(一)缩微技术在档案管理中的作用

1.节省存储空间

缩微品的存储密度大,体积小。利用摄影的方法将原件的缩小影像记录在缩微胶片上,普通缩小比率范围为1/7—1/48,超高缩小比率范围可达1/90—1/250。

2.具有法律凭证作用

由于缩微模拟影像保真度高,更改困难,许多国家(包括中国)规定,按一定标准拍摄的缩微胶片具有法律凭证作用。

3.记录效果好,寿命长

与光盘存贮技术相比,缩微复制和存贮技术更为成熟且稳定性好。缩微品的保存寿命相当长,在适当的保管条件下,缩微胶片可保存近百年甚至更长时间。即使在使用中胶片出现了损伤,如划痕、断裂等,也只是损失有限的画幅,大部分信息不受影响。用缩微摄影技术拍摄档案、图书和资料时,可将原件的形状、内容、格式、字体以及图形等原貌忠实地记录在缩微胶片上,形成与原件完全相同的缩小影像。

4.抢救重要档案,保护档案原件

利用缩微摄影技术方法,将那些年代久远的濒临破损的珍贵档案原件制成缩微品,原样保存其中所记录的信息。以缩微品代替原件提供利用,不仅可以减少对原件的使用和磨损,妥善地保管好原件,而且还可以利用缩微品作为它的副本保存和使用。

5.开展档案文献的收集和交流

由于种种原因,我国不少档案分散保管在档案馆、图书馆和博物馆等不同的机构,给利用者查档造成了不便。此外,近代以来我国散落或者被掠夺到国外的珍贵历史档案的原件难以收回,而采用缩微摄影技术的方法,可以方便地将散失的档案文献拍摄成缩微品,进行文献信息的收集和交流,可以用缩微品的形式对档案文献进行出版、发行和交换,以便广泛地利用。①

①郭倩. 高校档案管理网络化建设分析[J]. 办公室业务,2019(19):84—86.

（二）档案缩微品的种类

1. 片式缩微品

片式缩微品可分为条片、封套片、开窗卡片、缩微平片等，宽度有16.35、70、105毫米等几种，标准尺寸有75×125毫米和105×148毫米等。缩微胶片的普通缩小比率范围为1/7—1/48，超高缩小比率范围可达1/90—1/250。

2. 卷式缩微品

卷式缩微品用成卷的胶片连续拍摄而成，可分为盘式、盒式、夹式等几种。每卷胶卷的长度因存储文献资料的数量与篇幅长短而定，适用于复制成套的文献资料，如过期的丛书、多卷书、期刊、报纸及其他连续出版物等，便于长期保存和提供复印件。我国档案部门常用的卷式缩微品为16mm卷片和35mm卷片两种，70mm和105mm的卷片使用较少。16mm卷片一般拍摄幅面较小（A3幅面以下）的档案文献，35mm卷片一般拍摄技术图纸、地图、报纸及幅面较大和影像质量较高的档案文献。

（三）数字缩微技术

数字技术与缩微技术的结合使用，使古老的缩微技术在数字时代焕发出新的生命力。缩微品数字化的工作原理是：用数字扫描系统对缩微胶片按一定的标准格式进行扫描，将胶片上的模拟图像转化成数字化的图像文件存储在计算机中，并与原有的档案目录数据库建立关联，实现对缩微档案信息的计算机检索。传统缩微制品是原件的忠实图像，主要适用于具有法律证据和其他需要忠实于原件的缩微制作；数字缩微品则以代码形式来记录信息，可以对已存贮的信息进行追加和更改，适用于需要经常变动的文献缩微制品。利用数字缩微技术对缩微胶片进行数字扫描和处理，为实现档案缩微品的计算机检索和上网提供了便利，可以通过网络远程检索和利用缩微档案信息，极大地提高档案缩微品的利用范围和利用效率。

二、光盘技术与档案原文存储和检索

（一）光盘的性能、种类和结构

光存储技术是一种通过光学方法存储数据的技术，一般情况下使用激光作为光源，所以也可称为激光存储。光盘技术的基本物理原理是：改变一个存储单元的某种性质，其性质的变化反映被存储的数据，识别这种存储单元性质的变化，就可以读出存储的数据。光存储单元的性质（如反射率、反射光极化方向等)可以改变,它们对应于存储二进制数据0和1,光电检测器检测出光强和光极性的变化,从而读出存储在光盘上的数据。由于高能量的激光束可以聚焦成约1um的光斑,因此它比其他存储技术有更高的存储容量,光盘的特点是容量大、寿命长、价格低、携带方便,CD光盘的容量一般为650MB,DVD盘片单面容量4.7GB(双面容量8.SGB),蓝光光盘的容量很大,其中HDDVD单面单层容量15GB、双层容量30GB;BD单面单层容量25GB、双面容量50GB,光盘技术适用于档案文献的原文存储和检索,以及多媒体档案信息系统的开发和利用。

此外,光盘用于档案信息存储和检索系统具有如下优点:可提供相当于联机系统功能的软件,同时免除联机检索的费用,并避免远距离通信传输可能出现的失误;能够随机存取,检索速度快;可以将文本、图像、声音结合在一起,开发多媒体档案信息数据库;输出质量好,可改善字迹模糊档案文件的可读性。

(二)光盘原文存储和检索

光盘的海量存储功能为档案原文存储和检索提供了可能。其原理是对档案原件进行数字扫描,形成图像文件,存储在计算机硬盘或光盘中,对图像文件进行压缩和管理;利用全文检索技术对档案原文中任何一个字、句、段、章、节进行检索,而且还可以完成档案编目、统计及其他功能。一般情况下,光盘存储的是对档案原文进行扫描处理后形成的图像文件,而数据库管理软件、检索软件、目录信息和其他的辅助文件则存放在计算机中。为了方便光盘的使用,也可以将数据库管理软件、检索软件、辅助文件和图像文件都刻录在一张光盘上,这样就可以利用光盘独立进行检索了。

为了避免检索多张光盘所带来的手工换盘的不便,可使用CD-ROM光盘塔,配备数十个光区,或者使用CD-ROM光盘库,放入数百张光盘,同时检索多张光盘,达到快速检索的效果。光盘塔和光盘库技术可以解决档案全文、照片、录音、录像等多种载体的档案数字化存储、管理和利用的难题,而且通过网络可提供各类档案信息的远程存取。

第四节　档案管理网络化技术

一、计算机网络概述

网络技术是计算机技术和通信技术高度发展、密切结合的产物，计算机网络是将不同地理位置具有独立功能的多台计算机终端及其附属设备用通信线路连接起来，并配备相应的网络软件而组成的计算机系统的集合。

（一）网络的组成、结构

1.网络的组成

计算机网络由数据传输系统和数据处理系统组成。数据传输系统又叫通信子系统，包括通信传输线路、设备、通信传输规程、协议及通信软件等，其任务是进行数据传输、交换和通信处理等。数据传输系统包括计算机、大容量存储器、数据库、各种输入输出装置及软件等，其任务是进行数据输入、存储、加工处理和输出等。

2.网络的结构

网络的结构主要有如下几种基本形式。

(1)总线形

各节点设备与一根总线相连。这种结构的网络可靠性高，单个节点出现故障时，对整个系统影响不大。另外，节点设备的插入或拆卸十分方便。

(2)环形

这种结构采用点对点式通信，将各节点连接成环状。网络中各主计算机地位相等，通信线路和设备比较节省，网络管理软件比较简单，但网络的吞吐能力差，只适合在较小范围内应用。

(3)星形

每个节点通过连接线与中央节点相连。中央节点是控制中心，相邻节点之间的通信要通过中央节点。这种结构的网络比较经济，但可靠性较差，若中央节点出现故障，整个网络将瘫痪。

(4)树形

各个节点按层次展开，由各级主计算机分散控制，各主计算机都能独立处理业务，但最高层次的主计算机有统管整个网络的能力。这种结构的网络通信线路连接比较简单，网络管理软件也不复杂，维护方便，但各个节点之间很少有信息流通，资源共享能力较差。

(5)网状形

各节点通过通信线路连接成不规则的形状，网络中没有统管整个网络的主节点，通信控制功能分散在各个节点中，具有较高的可靠性，某一个节点发生故障不会影响到整个网络。这种结构资源共享方便，但网络管理软件比较复杂。大型计算机网络系统结构更为复杂，往往是上述几种基本结构中某几种的结合。①

(二)网络的类型

1.按网络结构，分为集中式网络和分布式网络

集中式网络是由中央主机统一控制整个网络的一种网络形式。它的优点是：网络资源、人员和设备可以集中管理、使用，比较经济。但如果中央主机或通信线路出现故障，整个网络的功能都会受到影响，网络的可靠性不高。

分布式网络没有统管整个网络的中央主机，而由各个节点分散控制。资源共享能力强，网络可靠性高。但网络控制软件复杂，网络的协调性较差。

2.按网络连接区域范围，分为广域网、局域网和城域网

广域网(WAN)，在地理覆盖范围上很广，通常覆盖一个国家或洲，甚至是全球范围，如Intenet网络。主机通过通信子网连接。子网的功能是把消息从一台主机传到另一台主机，就好像电话系统把声音从讲话方传到接收方。局域网(LAN)是在一个局部的地理范围内(如一个学校、工厂和机关内)，将各种计算机、外部设备和数据库等互相连接起来组成的计算机网络。它可以通过数据通信网或专用数据电路，与远方的局域网、数据库或处理中心相连接，构成一个大范围的信息处理系统。局域网常被用于连接机关内部各个部门、公司办公室或工厂里的个人计算机和工作站，以便共享资源(如打印机)和交换信息。城域网(MAN)是在一个城市范围内建立的计算机通信网，或者在物理上使用城市基础电信设施(如地下光缆系统)的网络。

①卢捷婷，岑桃，邓丽欢．互联网时代下档案管理与应用开发研究[M]．北京：北京工业大学出版社有限责任公司，2022.

3.按所用的通信线路,分为专用网络和公用网络

专用网络是专门建立的通信网络,通信线路由网络成员拥有。这种网络规模不大,建设耗资巨大。公用网络是借助公用通信线路建立的网络,如借用电话网、卫星通信等。这种网络的建设成本低,可进行远距离传输,但其建设速度和应用范围依赖于国家通信设施的完善和通信技术的发展。

(三)网络的作用

1.便于信息资源交换和共享

计算机网络中各个节点之间可以很方便地互相通信,用户可以分享网络中的硬件、软件和数据资源,可以避免重复劳动,加快系统开发和应用的进程,大大提高系统的总体效益。

2.可以充分发挥计算机的功能,均衡计算机的负荷,提高工作效益

计算机网络能使联网的计算机平均分配负荷,网络中的设备可以相互替代,使得系统的可靠性及其效率大大提高。

3.计算机网络为用户创造了一个更方便的使用环境,能满足用户的多方需求

用户通过计算机终端与多台计算机联系,可利用网络中存贮的各种信息,方便、迅速地获取自己所需要的信息。用户还可以上传信息,实现与其他网络用户的信息交互。

二、档案管理网络化

档案管理网络化是网络技术应用于档案管理系统的结果,也是适应社会信息化发展的必然趋势。档案管理网络化的基本前提是档案管理的计算机化以及档案资源的数字化。档案管理网络是由多个计算机档案管理系统通过通信线路连接起来的复合系统。各个大型档案机构的计算机成为网络中的节点,每个节点连接许多终端,各个节点通过通信线路连接起来,形成了一个纵横交错的档案管理网络系统。

档案管理网络化的基本目的是实现档案信息资源共享,打破单个计算机档案管理系统传递速度和存储空间的限制,使用户能够远程存取所需的档案信息。

（一）档案管理网络化的条件

1.资金与设备条件

档案管理网络化建设需要投入大量的资金和设备，这是首要条件。我国经济发达地区，如珠三角、长三角、环渤海湾等地区的档案事业发展有扎实的地方经济实力作为后盾，档案工作的现代化程度较高，档案管理计算机化、网络化和信息化水平领先于全国其他地区。而我国中、西部地区的地方财力十分有限，制约了当地档案管理网络化的发展。因此，档案部门除了争取各级政府的支持以外，还需要广开渠道，争取社会各界的支持、企业投资和私人捐资等。

2.技术与人员条件

档案部门需要引进国内外先进的技术，培养既通晓档案业务又掌握现代技术的专业人才。目前，我国在进行档案管理网络建设，推进档案事业信息化发展的过程中，应对现代信息技术和人才的引进持积极、开放的态度，并善于借鉴图书情报部门网络化建设的成熟技术和成功的经验，培养、吸引具有创新意识、具备现代技术技能和复合知识背景的现代档案管理人才。

3.通信网络和电子政务网的支持

我国通信网络发展迅速，信息网络实现了跨越式发展，成为支撑经济社会发展重要的基础设施。我国基础信息网络和重要信息系统数量明显激增，公共电信网、广电传输网、互联网等基础信息网络和银行、民航、税务、海关、证券、电力等关系国计民生的重要信息系统建设规模和管理水平进一步提高。我国广电传输网建成由无线覆盖网、卫星传输网、微波传输网、光缆干线网、有线接入网和互联网组成的广播电视传输信息网络，成为世界上覆盖人口最多的广播电视信息网络。当前，我国档案网络建设已纳入政府电子政务网建设体系之中，其性能和服务的改进和完善有赖于电子政务网络系统的发展和完善。

我国通信网络的高速发展、上网人数的激增、电子政务网络建设为档案管理网络化提供了充分的通信网络条件，奠定了档案网络服务和利用基础。

4.标准化与各个部门之间的协作

档案管理网络化的实现必须以标准化为保障。要使各个独立的档案管理系统通过通信网络连接起来，必须首先实现机读数据记录、软件设计以及各种硬件设备的标准化。标准化是网络资源共享的基础。此外，各个部门之间的协作也很重要。合作者之间一致同意并遵守的约定和协议是网络建设的前提。档案管理网络建设中的合作包括地区性、行业性等各个领域的协作,必须有高效的管理手段和协调手段才能取得令人满意的效果。

(二)档案部门内部局域网

随着计算机技术、网络技术的发展和普及,20世纪90年代中后期以来,我国档案部门逐步建立了局域网,实现了机构内部硬件资源和软件资源的共享,以及档案信息的综合管理和利用。

1.档案部门内部局域网的模式

档案馆内部局域网连接档案馆的各个科室,实现办公自动化和文档一体化,提供计算机档案检索服务,实现档案借阅管理和库房管理的自动化,提高档案工作的效率。对于企事业单位的档案管理而言,一般通过局域网使档案管理系统与本单位的其他信息管理系统进行连接,实现企事业单位的档案与其他各类信息资源的综合管理。这种模式可称为集成管理模式,即将档案管理系统纳入企事业单位的信息管理系统中去。根据集成的方式不同,可分为横向集成和纵向集成两种方式。

横向集成是将属于同一组织级别的若干个部门的数据进行集成,实现数据共享和综合管理。如将档案管理系统集成到企业管理信息系统(MIS)和办公自动化系统(OAS)。纵向集成是将属于不同组织级别的档案数据进行集成,实现综合管理。如建立档案目录中心或信息中心。档案目录中心就是以国家综合档案馆馆藏档案目录为主体,将本地区、本系统各级各类档案部门所形成的档案目录,按照统一的著录格式和数据规范进行集中并形成统一的目录检索体系,利用局域网或广域网进行查询。建设目录中心的目的是将分散保存的档案目录进行联网,供用户了解其所在位置,便于提供利用,这是档案信息化建设的一项基本任务。信息中心是指在一个企业或事业单位内部,实行图书、情报、资料、档案等文献资源的综合管理,从而实现对各类信息资源综合利用的目的。

2.档案部门局域网的结构及功能

局域网的结构一般以总线形结构为主,因为总线形网络结构连接简单,增加或减少节点方便。档案管理系统网络版的业务功能包括:①文件流转管理(文件起草、批转、收发文登记等)。②辅助立卷和鉴定。③档案编目和检索。④档案借阅和统计。⑤档案的库房管理。⑥系统管理(用户管理、安全防护、备份与恢复等)。

(三)基于国际互联网的档案信息远程传递和利用

互联网是世界上规模最大、用户最多的计算机互联网络,互联网技术的出现和应用深刻地改变了信息产生、传递和利用的方式,推动了整个社会信息化发展的进程。20世纪90年代后期以来,档案部门越来越多地应用互联网技术,建立档案网站,发布档案信息,提供档案信息的远程传递和利用。

1.档案网站的功能及现状

档案网站的出现是互联网时代的产物,它是各级国家档案馆在互联网上发布公开档案信息资源的重要窗口和提供在线服务的综合平台。档案网站建立在馆藏档案数字化、计算机档案管理和档案机构局域网的基础之上,其目的是集成档案信息资源,宣传档案事业,通过互联网向社会提供远程档案信息服务。国家档案局在《全国档案信息化建设实施纲要》《关于加强档案信息资源开发利用意见》等重要文件中都对档案网站的建设提出了明确的要求。根据《全国档案信息化建设实施纲要》的规定,各省、自治区、直辖市档案行政管理部门应建立链接本地区各级各类档案网站的门户网站,积极探索实现馆际互联的路子。在逐步推进地区性馆际互联的基础上,不断促进全国范围内的档案信息资源共享。以国家档案局网站为龙头,逐步与各地档案网站实现链接,最终构建全国档案工作信息网,为全社会提供方便、快捷、优质的档案信息服务。

我国档案网站从20世纪90年代后期建设之初至今,已经在网站内容的多样性和丰富性、外观、安全性等方面取得了长足的进步。但是,档案网站的信息资源建设和信息服务仍然是薄弱环节,不少档案网站虽然能够提供公开档案的目录检索,但能够提供档案全文检索、事实检索以及多媒体检索服务的网站还较少。此外,档案信息检索界面的人性化设计较为欠缺,系统与用户之间的交互性不足,档案网站的主动服务和个性化服务业务有待开拓。

2.我国档案网站的发展策略

(1)丰富档案网站的信息内容

我国档案网站经过十多年的建设和发展,无论在形式还是在内容上都有了明显的改观。但档案网站的内容仍然比较单一,所能够提供的档案信息有限。对于上网查询的利用者而言,大多数档案网站只能提供馆藏介绍、公开档案的目录信息检索，只有少数网站能够提供全文检索和专题检索。当前，档案网站的最大功能是宣传和报道档案机构以及馆藏档案信息，对于档案利用者来说，通过档案网站远程获取所需要的档案信息，交流、共享档案信息的实质性功用还未实现。

(2)集成档案网站资源

我国各级、各类档案部门和档案机构纷纷建立了自己的档案网站，但网站资源分散，缺乏有效的组织和控制，对于利用者而言，不利于全面、准确、快速的查询和检索。因此，集成各级、各类档案网站的资源，针对全国的档案网站建立有效的档案信息检索机制和定位机制，是组织和优化我国档案网站资源，提高档案信息检索效率的有效途径。

(3)加强档案网站的服务性功能

当前，我国档案网站很好地发挥了宣传和报道档案机构的作用，但网站的信息服务意识还比较薄弱。网站的外观设计、栏目设置以及检索界面、所提供的信息内容等诸多细节都暴露出了这个问题。因此，我国档案网站应该提高档案信息资源服务的功能，改进服务的方式，丰富服务的内容，并结合利用者的特定需求提供个性化的档案信息服务。

(4)建立档案网站与电子政务的密切联系

我国档案网站大多数挂靠于政府网站，与政务活动关系密切。电子政务活动中所形成的电子文件和档案是记录电子政务活动的原始文献，在电子政务信息资源建设和开发利用中发挥着重要作用。档案网站以电子政务网为平台，具有广阔的发展前景。因此，有必要建立起档案网站与电子政务之间的密切联系，使档案网站能够成为展示电子政务活动，进行信息交流和互动的一个平台。

第五节　数字档案馆技术

一、数字档案馆的特征和功能

数字档案馆是一个数字档案信息系统，它通过网络将分散异构的数字化档案信息联结，实现资源共享。

（一）数字档案馆的主要特征

1.信息存储的数字化

数字化档案信息是数字档案馆的资源基础，它有两个来源：一是馆藏档案的数字化，主要体现为将存储于不同载体的模拟档案信息如纸质档案、声像档案信息等通过数字化处理转换成数字形式。二是直接接收归档的电子文件，电子文件是基于网络生成的原生数字信息。将这两个来源的数字化信息进行组织和管理，建立数据库系统。

2.信息存取的网络化

网络是数字档案馆存在和运行的保障。数字档案馆依附于网络而生存，网络出现故障，数字档案馆的运作就要受到影响。网络将用户端、Web服务器、检索系统、对象数据库等数字档案馆的各个组成部件连接，实现对数字档案信息的网上发布、查询和检索。

3.信息资源的分布式管理

对各个分布式的数字对象资源进行收集、存储、发布和检索。它要求各个数字档案馆遵循统一的高层协议，对基于不同系统平台和应用软件产生的异构数字档案信息进行整合，建立一个全面的数字资源库，并提供统一的检索入口。[①]

（二）数字档案馆的主要业务功能

1.数字档案信息的收集和存储

通过数字化技术将现有的馆藏数字化，并通过在线和脱机方式接收各个立档单位归档的电子文件及其元数据。在此基础上，将不同格式和类型的数字化档案信息转换成统一格式，进行压缩处理和存储。

2.数字档案信息的组织和管理

对数字化对象进行标引和著录，建立目录和索引，并对电子文件及元数据进行组织，分解出元数据和对象数据，集成为元数据库和对象数据库。

3.数字档案信息的发布和查询

提供目录级和文件级查询服务，以及基于内容的多媒体信息检索服务。

4.数字档案信息的安全和权限管理

由于档案本身的保密性，数字档案馆的安全和权限管理尤为重要。可

①赵丽颖，芦利萍，张晨燕. 档案管理实务与资料整理[M]. 长春：吉林人民出版社，2021.

利用身份认证、数据加密、数字水印、数字签名以及防火墙等技术实现对用户身份的识别及权限控制，以及数字档案馆的安全管理。

数字档案馆是传统档案馆的未来发展趋势，但数字档案馆建设必须以传统档案馆为基础和依托。一方面，传统档案馆的实体馆藏是数字档案馆的资源基础；另一方面，数字档案馆是传统档案馆向网络空间的延伸。传统档案馆的资源在网络环境中可以被更多的人远程获取。此外，数字档案馆是收集和管理电子文件的重要方式。传统档案馆以纸质档案为主要管理对象，它的一套管理机制和方法适用于纸质文件而不适用于电子文件，而数字档案馆则可以实现电子文件的在线归档、组织和利用，完成对电子文件整个生命周期的控制。

二、数字档案馆关键技术

数字档案馆是以计算机硬、软件技术为基础，以网络通信技术为支撑，并辅以各种高新技术而建立的一种集成信息系统。数字档案馆在信息的收集、存储、组织、管理和利用的过程中，必须借助各种高新技术。具体包括以下几种。

（一）档案数字化过程中的主要技术

文字图像扫描技术、光学字符识别（OCR）视音频捕捉、多媒体信息压缩等技术。对于音频、视频以及静态图像、活动影像等多媒体信息必须确定数字化的规范格式。

（二）数字档案信息加工、组织和管理过程中的主要技术

应该以标准化方式对数字化资源进行加工和组织。在传统档案著录和标引的基础上，根据规范的元数据标准，抽取相应的元数据，并建立元数据集。在此过程中，需要采用多媒体信息标引技术、信息抽取技术、海量信息存储和组织技术、数据挖掘技术、数据集成技术，超大规模数据库技术等。

（三）数字档案信息发布和查询过程中的主要技术

多媒体数据压缩和传输技术、分布式资源与运行管理技术、图像与视频数据检索技术、基于内容的信息检索技术等。

（四）数字档案馆的安全和权限管理中的主要技术

防火墙技术、密钥技术、身份认证技术、数字签名技术、数字水印技术

等。需要指出的是,在数字档案馆的建设过程中,对于维护档案信息的真实性、完整性和可靠性以及保密性方面有着很高的要求。如果档案在数字化和利用过程中丧失了其完整性和可靠性,那么数字档案馆存在的基础将会被动摇。这需要在数字化过程中采用最佳技术尽量减少信息失真,并在信息传输和利用过程中采用各种安全保障技术。

三、数字档案馆的发展阶段

数字档案馆建设必须以档案馆业务工作自动化为基础,我国数字档案馆建设一般需要经历以下三个阶段。

第一个阶段:档案馆自动化阶段。实现档案实体管理和档案信息组织的自动化。具体包括:档案登记、借阅、催还以及库房管理等日常业务和实体管理的自动化,以及档案信息的自动分类、自动编目和自动标引,信息检索计算机化,建立内部局域网。

第二个阶段:单个数字档案馆建设阶段。主要包括馆藏数字化、档案网站建设以及接收电子文件进馆并提供利用等内容。目前中国很多数字档案馆项目正处于这个阶段。而大规模接收电子文件进馆工作还没有真正展开。

第三个阶段:多个数字档案馆互联阶段。实现多个数字档案馆之间的互操作,以各个数字档案馆共同遵循的高层协议为基础,整合各个档案馆的资源并提供统一的检索入口。

我国大部分省级以上的综合档案馆、国家专业系统和大型企业的档案馆,以及有关高校的档案馆已经具有档案自动化的基础,馆藏数字化工作正在持续进行,目录型和全文型数据库也在纷纷建立。全国90%以上的省市档案机构已经建立了档案网站,经国家档案局批准,中国档案报社主办的中国档案信息门户网站——“中国档案网”早在2007年7月就已开通。

总体上,我国东部发达地区的数字档案馆建设处于第二阶段即单个数字档案馆建设阶段,而中西部地区的数字档案馆建设还处于由第一阶段向第二阶段的过渡期。

第九章　档案信息化管理的创新模式

第一节　不同载体的档案进行统筹管理

进入21世纪,我们处于一个纸质与电子、模拟与数字共存的状态,处于传统管理向现代管理转变的过渡转型期:档案馆内部存有大量的纸质档案、缩微胶片、录音和录像带等各种载体的实体档案,档案馆新接收的档案既有各种形式的电子信息,也有大量的纸质档案。在这个特殊时期,档案载体形式多元化、管理工作复杂化、技术手段多样化、服务利用个性化成为现实的挑战,而档案管理的组织和队伍却很难随之更新和发展。因此,随着档案资源和档案信息管理规模的不断扩大,档案信息的管理问题势必引起社会的高度重视,要求档案工作者思考统一的管理思路,兼顾所有载体档案的统筹管理。

一、档案目录信息统筹管理

无论是电子的还是纸质的档案,无论是手工管理还是采用计算机实行自动化管理,整理、分类和编目始终都是档案工作的重要组成部分,档案目录是各级各类档案馆(室)提供档案服务利用的基础信息,也是实现档案检索和提供档案利用的重要依据。馆藏的传统载体档案中,手写档案目录是最常见的方式,而新归档的各类档案会形成各种机读档案目录,或以Excel、Microsoft Access、Word以及关系型数据库格式存储的数字形式的目录信息,为了方便档案利用者,档案馆(室)必须对已有馆藏和以后归档的所有档案的目录信息进行整合,按来源原则或信息分类方式分别进行整理、分类与合并处理,形成能够覆盖各类档案资源的目录信息,并采用档案管理信息系统对档案目录信息实行统一管理,实现目录信息的资源共享和统筹管理。数字化档案采用管理信息系统进行管理,纸质档案采用手工翻本的方式进行检索。在档案馆实施信息化过程中,目录信息的数字化也是很重要的一项任务，不能由于工作量大、过去没有录入就成为历史遗留问题。

档案目录信息统筹管理的另外一个含义是案卷目录和卷内文件目录的关联管理，即尽可能将卷内文件目录也实行计算机化管理，并与其对应的案卷目录进行关联。当检索到案卷目录，就可以方便地浏览其卷内文件目录，提高检索的准确度；当检索到卷内文件目录时，也能够很快地定位到它所对应的案卷目录及其所在的库房存址，以方便调卷。

二、目录全文一体化管理

档案全文，一方面是指馆藏档案内容的数字化信息，如缩微胶片、照片以及纸质档案数字化形成的静态图像文件，磁带、录像带等经过模数转化后形成的声音、图像等多媒体文件；另一方面是指各机构使用计算机和办公自动化系统等产生的电子文件归档后形成的数字化档案信息。这些全文信息是档案的内容实体，与档案目录信息相比较，档案全文能够提供更详细、更完整和更准确的内容和信息。[①]

实行目录全文一体化管理是信息化管理中比较有效的一种方式，其工作原理是首先在档案目录中进行检索，缩小范围，然后再检索全文，以便准确定位查档目标。通常采取的方式是，将档案目录信息采取关系型数据库管理系统实行统一管理，将扫描后的图像文件和新接收的电子文件/档案以文档对象或文件形式存储在文件服务器或者内容服务器上，并通过一定的访问规则将档案目录信息与这些文件对象进行关联。在检索到档案目录信息时，就可以浏览和检索全文。如果在信息系统中，还需要按照系统设定的用户对目录和全文的浏览、检索权限进行处理。

目前，很多档案馆在接收电子文件时，采用目录全文关联归档方式。这种归档方式是将电子信息分门别类整理成方便检索的目录信息，并将电子原文与电子目录进行关联，即将电子信息的目录与全文进行捆绑。具体实现思路就是把目录信息与电子全文信息分开存放，将电子信息进行分类，形成档案目录信息，将目录信息存放在关系型数据库中，将电子全文存放在文件服务器或数据库的二进制存储对象中。因此，在实现电子信息归档时，必须做好分类编目、原文整理以及梳理他们之间的对应关系。同时与之相配套，需要建立“电子信息背景应用环境”自动下载中心，以确保电子文件、档

①夏颖．浅谈综合档案室档案信息管理系统建设[J]．办公室业务，2022(01)：69—71.

案的可读性。

文件中心可以是一个将所有欲归档的信息集中到的一个逻辑管理中心，其物理位置可能是分布式存放在每一个业务系统内部，也可能是存放在档案馆的一个专门的服务器上，网络的使用已经模糊了电子信息的物理位置，只需要按照要求使工作人员方便管理、方便访问就达到目的。

在实际利用工作中，并不是所有有价值的档案都会被所有的档案利用者频繁查找，如工程设计或建筑系的人员需要经常查询的是工程图纸类的档案信息，而很少关心财务类的档案，而建筑专业的利用者基本上只查看此类档案的应用软件和浏览工具。正是基于档案利用者的这个根本需求和特点，因此目录全文关联归档方案是方便可行的，不需要像脱机存储法那样，针对每一类电子文件信息都记录它们的应用背景、环境信息，使存储介质中贮存了大量的冗余信息，造成资源浪费。但是，为了满足和方便利用者查看其他类电子档案信息，如单位领导可能会查看各类综合档案，目录全文关联归档方案采取提供电子信息背景应用环境自动下载并提示装载的手段，以满足对那些想查看数字档案信息，但其客户机上没有安装运行环境的网络用户的要求。

实施目录全文关联归档，要求档案工作者要转变传统的工作方法，从档案利用者的需求出发，分析档案被利用的范围和特点，遵循档案管理的原则和标准，对部门形成的数字化档案实行即时归档，即将目录全文关联归档的思想贯穿于电子档案形成的全过程。档案馆(室)的工作人员也要充分利用现代化管理手段，通过网络开展指导、鉴定、归档与管理工作，将工作重点转移到分析档案利用者的需求。

档案信息的目录全文关联归档方案，充分体现了档案工作者在电子文件归档过程中采取的“主动服务、一体化管理”的全新理念，也保证了归档以后的电子信息能够获得科学、有序的管理。这种方案已经被很多档案馆所采用，并且推广应用于馆藏档案数字化处理后的目录信息与电子图像信息的管理中，这是目前我国档案信息化工作过程中值得借鉴和采纳的、行之有效的解决方案。

三、档案工作的“双轨制”

各行各业信息化的大力开展，必将形成大量的电子文件和电子档案，但这并不等于档案馆以后就不再接收纸质文件。由于电子档案的法律依据、永久保存和安全管理等方面还存在这样或那样的需进一步探究和明确的问题，而实践经验告诉人们，优良的纸质档案可以保存上千年。因此，在未来相当长的时间里，电子档案和纸质档案将长期共存，二者之间的共存、互动与消长构成了信息时代人类记载历史的特殊方式。“双轨制”将成为21世纪档案工作的主流模式。

“双轨制”是指在文件形成、处理、归档、保存、利用等过程中，纸质文件和电子文件二者同时存在，两种载体的文件同步随办公业务流程运转，同步进行归档、同步进入归档后的档案保管过程。实行“双轨制”的机构，在文件(包括收文、发文和内部文件)进入运转程序时就以电子和纸质两种载体并存，业务人员要对同样内容的两类文件进行并行办理。由此看来，“双轨制”的核心是从文件的产生开始就以两种载体形式记录各项社会活动的信息。这些记录中有保存价值的将作为档案进入归档阶段，将纸质和电子的记录同时移交到档案馆(室)。实行这种从头至尾的彻底双套做法是各行各业信息化应用的初级阶段，特别是在《中华人民共和国电子签名法》发布之前，电子文件的法律效力无法认可，电子文件的安全性、真实性和完整性很难得到保障。《中华人民共和国电子签名法》经全国人大审议通过并正式生效之后，得到了法律保护，电子签名具有与手写签字或盖章同等的法律效力，电子文件与书面文书一样具有同等法律效力。从此，借助于网络环境、数字签名、身份认证等技术，确保电子文件从产生、审批、流转、会签、归档等各个过程的原始、完整、有效和可读，实现无纸化办公，成为21世纪人们追求高效率和科学化、规范化、自动化管理的现实需求。在这种形势下，是否还需要在文件的运转过程中实行“双轨制”成为大家关注的焦点和热点问题，也是学者们研究的重点。

就网络、电子环境本身而言，尽管他们存在先天的“不安全”和“淘汰快”等缺点，但每一种新的服务器、存储器、数据资源管理系统的出现都会兼容老的版本或者出台新的数据转换或迁移方法，目的是确保原来的电子数据不失效或可读。事实上，很多读不出来的、丢失的数字化的文件和档案，究其原因主要是在计算机硬件环境和软件平台升级的特殊时期，没有及时做数据的转换或迁移工作，当属管理上的失职。当然，每一次转换或迁移都有可能破坏档案文件的原始性，或者丢失一些相关信息，这才是为什么要实行

“双轨制”的根本原因。

彻底的“双轨制”需要投入很多人、财、物，在电子文件形成过程的管理上也很复杂。因此，很多单位采取了“双套归档”的做法，一种是将办公自动化系统中属于归档范围的电子文件在归档前，制作纸质拷贝，归档时将二者同时移交到档案馆；另外一种则是对纸质的文件进行数字化扫描和文字识别处理，形成纸质档案的电子拷贝。这样，保存的电子文件可以方便网络化利用，纸质文件则主要用作永久保存，有些单位则采用缩微技术，实现档案的缩微化保存。这些做法不可避免会增加档案馆接收档案和管理档案的复杂性，提高档案管理和保存的成本，但这依然是21世纪档案工作的主流方式。随着时间的推移，档案馆保存的纸质档案和电子档案的比例将会逐渐发生变化，但纸质档案还会在相当长的一段时间成为馆藏的主要成分。

因此，各档案馆需要根据自身管理档案的特点和所拥有的资金、人才、网络设备资源等状况，选择恰当的档案接收方式，开展档案的接收和档案信息化管理工作。比如，是全部档案做双套归档还是将重要的部分做双套归档，是在管理过程中随着档案利用的需要做数字化还是全部数字化等。在这一点上，每个档案馆的情况都不完全相同，因此无固定的模式可循。

第二节　文件档案实行一体化管理

文件档案一体化管理是文件生命周期理论和全程管理与前端控制思想应用于电子文件管理的典型模式。在网络信息系统中，电子文件和电子档案很难截然分清，各行各业的信息化形成大量的电子文件，在结束其现行业务之后，需要将有保存价值的电子信息进行整理、归档，进入永久保存期，这必然使文档一体化管理模式进入实质性的应用阶段。

一、文档一体化管理思路

文档一体化强调电子文件全过程管理的连续性和信息记录的完整性，目的是确保有保存价值的电子文件，自生成开始到生命周期活动过程结束的全过程，信息能够获得完全的记载和一致的保存。文档一体化管理的思路体现在以下几个方面。

(一)管理过程的互动性

文档一体化最重要的特点是将现行业务系统的工作与档案工作实现互动与交叉。一方面使档案工作者从文件生成之日起就能够开展鉴定、归档及归档后的管理,通过前端参与和过程控制,加强为社会积累财富的执行力;另一方面也使得开展现行业务活动的工作人员增强了对档案的认知程度,不仅认识到,只有将有价值的文件完整归档并移交给档案部门进行保管才能算相应的工作真正结束,同时还要意识到,在开展现行业务系统的过程中,要责任明确、注意积累,记录电子文件活动全过程中所有重要的和有价值的信息,确保电子文件的真实性和完整性。管理过程的互动性加强了多方人员工作中的交流与沟通,对形成和积累有价值的、完整的、真实记载社会活动记录的电子档案具有非常重要的社会意义。[①]

(二)应用系统的统一性

文档一体化管理模式的实现是文件和档案共同依赖统一的管理信息系统,并运行于同构的网络、服务器、数据库管理平台,采取相同的数据、文件存储格式,不同的是管理文件与档案工作人员对信息系统的操作权限有所不同。在文件的生成、处理、会签、审批等各业务工作处理阶段,业务工作人员拥有对文件的增加、修改、删除等权限,而档案工作者只有查看、浏览的权限。在文件结束其现行期业务工作之后,进入归档阶段时,由电子文件的归档整理人员进行筛选、整理,而档案工作者则开始履行电子文件的鉴定职能和归档前的指导工作。在电子文件归档形成电子档案后,档案工作者则需要开展电子档案的保管,并为档案形成单位和社会提供档案的服务与利用。应用系统的统一性使得在从文件到档案的转变过程中,不再需要数据转换和迁移,保持了文件信息的真实性和完整性,同时也降低了工作人员使用信息系统的复杂性,减少了使用过程中的错误发生率。

(三)工作流程的集成性

在传统的文件管理过程中,文件的形成、归档和档案保管与提供利用等环节,都将文件生命周期清楚地划分为三个相对独立的过程,即现行期、半现行期和非现行期,并通过现行业务工作部门、机构档案室和档案馆三个物理位置不同的部门分别完成各自的工作。而文档一体化则将文件、档案的

①邵瑞萍. 大数据时代文书档案管理一体化研究[J]. 兰台内外,2022(21):18—20.

管理流程实现了集成，要求在一个统一的系统内，有统一的控制中心、统一的工作制度以及统一的且各有特点又互相衔接的工作程序，将档案著录、鉴定、保存和管理等工作贯穿于文件的形成、流转、会签、批准或签发、整理、鉴定、归档、移交、保存或销毁等各个环节，实现各个过程中工作流程的集成和信息的共享，而且能够根据不同的文件与处理要求定义特定的工作流程，实现流程的优化和个性化处理，提高了工作效率，降低了档案接收和保管的复杂性，避免了信息的多次录入和产生不一致信息的可能性。

工作流程的集成性体现在以下几个方面。

1.归档工作与文件处理业务活动的集成

各单位在采用办公自动化系统形成和处理文件时，可以考虑给重要文件贴上归档标记，保证其在处理完毕之后即可存入档案数据库。这个动作将一直被定位为将业务活动最后环节的归档，贯穿于电子文件处理的业务流程的各个阶段。

2.归档工作和鉴定工作的集成

文件形成之日对重要文件做归档标记，是对文件保存价值的一个初始判断，档案工作人员在开展鉴定工作时，重点考虑带标识的文件。这样既保证了鉴定的质量，又提高了工作效率，使归档文件的质量控制和文件的技术鉴定工作得以同步进行。

3.归档工作和用户权限设置、数据备份等安全保护活动的集成

归档意味着电子文件管理权由文件形成单位转移到档案保管单位，系统用户对文件的操作权限随之发生变化，另外归档过程中需要对归档电子文件做电子签章、数据备份，这些工作都可以随着归档工作的结束同步完成。

4.归档工作与档案整理工作的集成

归档的同时，系统将根据预先设定的档案目录信息著录的规则，实现自动分类、自动著录，然后，在人工参与下进行核对，再确认和添加档案室(馆)保管档案的其他元数据项的内容。

(四)业务处理的自动性

文档一体化是在充分信任的网络、计算机和信息系统的数字环境下开展工作，采用信息技术和基于工作流程管理理念实现的自动化信息系统，不仅提高了工作效率，而且降低了错误发生的概率。同时，在一些业务处理环节增加了系统自动处理技术，如电子文件版本信息的自动跟踪、电子文件处

理过程中的责任链信息的记录、基于管理规则实现的电子档案的自动标引等，都大大提高了业务处理工作的自动化程度，减少了人工操作的复杂程度。由于这些自动化的处理过程是通过系统进行身份认证之后自动生成并保存记载的，因而大大提高了电子文件整个生命周期活动中信息记载的真实性和完整性。

（五）归档工作的及时性

通过对文档一体化应用系统的广泛使用，档案工作者能够随时对归档范围内的、已经完成现行期使命的文件实行鉴定、整理、归档和提供利用等工作。一旦电子文件的形成机构确认该文件已经结束现行期的历史使命，就完全能够实现即时归档、即时鉴定，避免以往通行的隔年归档中存在的各种问题，如丢失、泄密、滞后等。

（六）安全管理的有效性

文档一体化，一方面使电子文件归档过程变得简单、快捷，自动化程度高；另一方面使人们对电子档案原始文件与档案目录数据实现了同步管理，最大限度地减少了人工的干预，不仅提高了归档工作的效率，更重要的是大大增强了归档过程的规范性和安全性。至于网络和信息系统带来的安全风险，能够采取各种现代技术手段得到控制和加强。事实上，据权威机构统计，70%的信息安全事件来自管理上的漏洞，应该说采用自动化手段执法比靠人工执法的安全性要高，特别是在《中华人民共和国电子签名法》颁布实施后，电子签名、数字证书、身份认证等一些安全措施和技术手段的采用，也将大大增强电子文件和电子档案安全管理的有效性。

二、文档一体化实现方法

文档一体化管理系统的建立离不开计算机与网络技术的支持。现代化的办公系统要求文书与档案工作紧密衔接，实现办公信息的传递、存储、查阅、利用、收集的现代化和自动化。由于受我国文件和档案分开管理传统模式的束缚，迄今为止，办公自动化系统与计算机档案自动化管理系统是两个相互独立的系统。目前，不少名为“文件和档案管理一体化的信息系统”，其实也只是将文件管理和档案管理并列，而非真正将数据集成在一起，仅仅是将办公自动化系统产生的数据自动导入档案管理的信息系统，这绝非真正意义上的文档一体化管理信息系统。文档一体化要求对归档文件的真实性、完整性、有效性要在文件产生阶段就要加以控制，鉴定、编目、著录、标引等工作也要在文件产生和处理阶段进行。因此，研发能够覆盖电子文件全部活动，实现文档状态记录和全过程管理的集成系统，将部分档案管理工作前置到公文处理工作中的文档一体化计算机管理信息系统是实现文档一体化管理的关键。

从文件产生到利用的生命周期角度看，文件与档案的关系决定了它们具备实行一体化管理的条件。一方面，现行文件与档案是一个具有内在联系的整体，它们的物质形态、内容主题以及本质结构都是相同的，均是附在有形物质上的信息，其区别仅在于文件是现行文件而档案是历史文件，从现行文件变成历史文件，是一个顺序完成的过程。显然，归档文件与档案只有文件所处阶段的区别无本质的不同，对处于不同阶段的文件实行一体化管理是社会发展的根本要求。另一方面，文件形成、处理部门与档案部门只是分别管理处于不同阶段的文件，在文件的产生、流转、审批阶段，文件处于不停地流转过程中，所以需要分散保存和管理，这有利于随时查用和迅速运转。文件分散保存的任务主要由文件产生部门承担。当文件运动周期完成以后，文件就处于“休眠”状态，这时需要集中整理后归档保存，这样既有利于档案的完整、安全和科学的管理，又有利于向社会各界提供查询利用，这就需要有一个服务机构即档案馆(室)进行统一管理。因此，文件形成与处理部门和档案馆二者都是为了存储、传输和利用文档信息而存在。

从系统学的角度看，文件和档案管理是一个完整的信息系统，在这个信息系统中，文件质量的好坏直接决定着档案的质量，档案的质量又对未来文件的形成、收集和整理归档产生推动作用，二者的关系十分密切，相互关联又相互影响。因此，把文件和档案纳入到一个统一的系统内进行管理，既有利于文件与档案信息资源的系统化优势的发挥，又符合档案馆(室)现代化管理的快速发展需要。

(一)文档一体化系统业务流程

文档管理的实际办公过程比较复杂，本书以公文产生、流转、审批、归档为例说明文档一体化管理的业务流程。有保存价值的电子文件经过整理、鉴定、审核、移交、归档到档案部门管理后，形成电子档案。

（二）文档一体化系统功能结构

通常情况下，文档一体化管理信息系统的功能包括系统维护、收文管理、发文管理、归档管理、文印管理和档案管理。这几个模块相互关联，内部信息集成化共享，真正实现了从电子文件到电子档案的自然归档和一体化管理。

1. 收文管理

以电子文件的形式处理和记载上级公文、平级来文，用户可根据公文的登记日期、急缓程度、当前流转状态等过程信息快速有效地找到相关文件并进行相应的操作，主要包括收文登记、收文流转、文件催办、流程监控、文件发布等过程。

2. 发文管理

处理并转发内部制定的或外来的文件。电子文件起草后，均需逐级通过各主办与会签部门人员的审批和修改，最后提交领导签发，形成正式的公文，然后登记、归档。主要包括发文起草、发文流转（含修改留痕、文件套红）、文件催办、流程监控、发布等主要工作。

3. 归档管理

电子文件的归档大多采用以下两种方式：一是通过机构内部局域网的电子公文传输系统从网上实现自动归档，系统通过归档环节后，电子文件的管理权就移交给档案管理部门，成为电子档案。此时，其他业务人员能够按照系统授予的权限查询电子档案，但不可以修改。档案在归档环节中，系统需要设定各种技术措施如电子签章、完整性验证等手段来确保归档的电子文件是有效的、完整的。这种方式是文档一体化系统内部自动实现的功能，档案管理人员只需要按照系统使用要求进行合理的操作，关于系统的数据备份、安全性等措施需要按照档案法和电子文件归档标准与规范严格进行管理和实施，在系统设计之初，档案业务人员需要提出充分的需求才能保证文档一体化管理系统功能的完整性且符合实际工作的要求。二是各立卷部门在向档案馆移交纸质档案的同时，上交电子载体存储的各种信息，如磁盘、光盘等。这种方式主要用于一些重要的凭证性或机密性电子文件的移交，归档后的管理也应采取相应的物理隔离措施和安全防护方法，特别是涉密档案不能存储在网络上，防止泄密。

4.档案管理

根据国家版本的电子档案归档与管理的相关标准，执行档案的移交、接收、审核、保存、管理、查询、统计以及提供服务利用等工作，档案形成机构可根据档案的信息类别或档案来源建立相应的档案信息资源库，并可根据归档年度、归档部门或档案实体分类等建立快速检索机制，方便借阅和利用。

（三）电子文件网络化归档的真实性保障方法

电子文件的归档过程包括电子文件归档产生的数字化档案信息（以下简称增量数字化档案信息）的形成、归档、管理和利用四个重要阶段，每个阶段都需要采取各种策略和方法保障档案信息的真实性。

现行期电子文件是增量数字档案的原生信息，这个阶段档案信息真实性保障的主要责任人是电子文件连续被处理的多个现行业务工作者，信息系统中常采用的技术保障措施是电子签名、日志跟踪、计算机处理等，在信息系统中记录和保存电子文件的形成、流转、审批到结束现行期业务全过程的原始信息和变动信息，形成电子文件的多个过程版本，并在终稿完成后，在档案专业人员的指导下，及时开展电子文件的归档工作。电子文件在现行期的任务结束后，其真实性风险因素主要取决于人为原因造成修改或者网络黑客有意篡改系统中记录的原始信息、过程信息和终稿内容。因此，保障真实内容的安全方法是建立电子文件的终稿转存库，实现电子文件从现行期系统中自动转入半现行期的信息系统中，加强管理，增强系统的自动化处理功能，采取各种有效措施确保终稿的电子文件不被任何人修改。因此，现行期电子文件所使用的办公自动化系统应采用电子签名技术加强对访问该系统的用户身份的认证，在文件终稿形成并进行发文或归档前加盖电子公章以避免被修改，这正是对《中华人民共和国电子签名法》的具体实施。

进入归档阶段的电子文件，如果采取网络化归档方式，应重点防范网络上非法访问的篡改行为，以及网络传输过程中数据被修改的可能性。这个阶段，建立客户信任的专网传输通道是必要的，也是很有效的，利用公网传输的用户可以考虑采用VPN（虚拟专用网络）技术实现网络化归档，充分采用VPN的数据加密、身份认证、访问控制、隧道封装技术等，以保障档案信息从信源真实地传送到信宿。对于密级较高的数据，采取介质归档比较稳妥。当然，这个过程中，归档单位对档案人员工作的管理制度和规范化操作要求依然是非常重要的。在这个过程中，档案专业指导人员的重点在于监督执行，并严格控制由于人工原因造成的失误。电子文件归档后进入档案及其信息的接收、维护和综合管理阶段，档案馆（室）接收的电子文件应具有法律依据，《中华人民共和国电子签名法》规定了电子签名的有效使用方法。因此，档案形成单位在移交电子文件时，需要采取法律上认可的电子签名、电子印章等方法保障准备移交的电子文件的真实性，档案馆（室）在接收档案时应首先验证电子签名、电子印章的合法性，并将归档的信息与电子文件终稿转存库中的信息进行比较，在核实真实完整后，才能正式接收电子档案并将其迁移到档案馆的信息管理系统中，此时还需要在实行物理隔离的档案信息的灾难备份数据库中新增当前的档案信息，然后再开展维护管理和提供利用等工作。

提供利用的档案信息按照档案法、国家保密法规和档案保管条例，一般只在网上提供公开档案信息的利用服务，在档案工作人员严格执法和规范化操作的前提下，破坏档案真实性的风险因素主要来自网上非法用户的恶意篡改、病毒攻击等，因此在提供档案信息网络化利用时，除了加强网络安全防范措施外，还需要对公开档案信息采取灾难备份，并定期对网上提供利用的开放信息进行真实性核对。

由此可见，档案馆（室）制定各个阶段电子文件真实性保障的规章制度将贯穿电子文件生命周期的整个活动过程，建立物理隔离的电子文件终稿转存库和档案信息的灾难备份库是保障档案真实性的有效措施，虽然会增加信息化系统的运行成本，但在确保档案信息真实性方面是非常有效的，也是可行的。

三、文档一体化深化应用的要求

实现文档一体化管理是信息时代档案工作的全新管理模式，是适应电子文件、电子档案管理发展的必然要求。文件、档案一体化管理的最佳实践是在组织机构内部建立功能涵盖电子文件生命周期业务活动的管理信息系统。文档一体化的实现，使办公业务实现自动化、规范化，档案管理日趋现代化，具有电子文件从起草时就备份、从办文时就修正、办完后就归档、鉴定及整理等工作都能依靠计算机实现互动管理等优点。当然，开展文档一体化管理工作，对档案工作者也提出了更新、更高的要求，要求工作人员不仅要具有丰富的档案专业知识，还必须掌握现代信息技术，熟练地使用计算机及通信设备。

（一）提高认识、统一思想是文档一体化管理的基本要求

文档一体化的实质是将机构各部门相对分散独立的文件与档案统一为一个有机的整体进行管理。这不仅能够加强档案部门对文件管理的超前控制，保证档案的质量，而且能够实现文档数据的一次输入，多次利用，减少重复劳动，节约人力、财力、物力和时间。然而，要想真正实现文档一体化管理，对档案工作者而言，特别是档案部门的领导，必须对文档一体化管理理念有一个全面、客观、科学的认识，并达成共识，使其充分认识到一体化管理的真正受益者是档案工作者自身，认识到新时期文档一体化的必要性和紧迫性，认识到这是时代赋予当今档案工作者的使命，只有这样才能够顺利推行文档一体化管理，加强自觉性，使他们面对困难，不逃避、不退缩，勇于接受新鲜事物，逐步实施和应用文档一体化管理模式来开展各项业务。

当然，信息化工作是一个长期而复杂的系统工程，需要各单位投入必需的经费支持，这就要求各单位应逐渐增加对档案管理部门的投入(包括人才、资金、设备等)，落实档案事业经费，高度重视档案信息化建设，把档案信息化作为机构信息化建设的一个重要内容来抓，统筹规划，同步发展，提高档案管理的工作质量和效率。

（二）加强电子文件管理的标准化与规范化

文档一体化管理，使电子文件与电子档案之间的关系更加密切，把二者放在一个综合的管理系统中，作为前后衔接、相互影响的子系统，统一地组织和控制整个文件生命周期的全过程。由于文件管理与档案管理的这种前后相承的关系，文件管理直接关系到档案管理的存在和发展，只有文件管理做到标准化、规范化，档案管理才能够顺利地展开。如果文件管理无章可循，紊乱不堪，可以想象档案管理各环节也会陷入忙乱无序的状态，这也会影响综合管理信息系统整体功能的效用。因此，必须强化电子文件管理的标准化、规范化，严格规范表达文件内部特征和外部特征信息的各项数据，为更好地推行文档一体化管理服务。作为档案工作者，应严格按照《档案法》和《电子公文归档管理暂行办法》，参考《电子文件归档与管理规范》，对现行文件管理过程提出各种标准、规范和具体实施要求，从而促进文档一体化管理的规范化和标准化。

（三）加强培训和继续教育，提升档案工作者的综合素质

文档一体化管理要求档案工作者不仅具有档案学基础理论知识及专业知识，还必须掌握现代信息技术，熟练运用计算机及现代通信设备来操作网络化管理信息系统，要求档案工作者不断调整自己的知识结构，提高技能，加强综合素质的培养。如果不熟悉计算机，不懂网络知识，根本无法接受文档一体化管理思路，更无法开展电子档案的管理工作，也不可能参与到电子文件管理的全过程中。因此，加强档案信息化咨询与培训，开展现代档案管理专业知识和档案信息化技术知识的继续教育，是档案部门迫在眉睫的任务，也是实现文档一体化管理的前提。否则，进行前端控制，开展电子文档的完整、有效和安全管理就成了一句空话。

第三节　推动馆藏档案的数字化应用

为适应公众网络化查档和档案信息化管理的多元化需求，馆藏档案数字化和开展档案数字化应用系统的建设已成为现代档案管理的一项重要内容，对档案工作者而言，这也是一项全新的任务，需要在充分认识到馆藏数字化重要性和必要性的基础上，采取有效的策略和方法，开展馆藏档案数字化系统的建设和有效应用。

一、馆藏档案数字化的意义和任务

中办、国办联合发布的《关于加强信息资源开发利用工作的若干意见》中明确指出："各级党政机关、企事业单位要充分认识信息资源开发利用工作的重要性，加强政务、企业、产业等信息资源的开发与利用，充分发挥信息资源在信息化建设中的重要作用。"国家档案局在《关于加强档案信息资源开发利用工作的意见》中明确指出："档案信息资源的开发与利用是现代档案工作的重中之重。"档案作为一种特殊的文化资源是国家信息资源的重要组成部分，它的开发与利用具有非常广泛的社会价值和实际意义。

馆藏档案数字化工作主要包括两项任务：一是将传统载体档案目录进行数字化；二是将档案内容进行数字化。档案目录数字化的主要工作是对载体档案进行编目，并将目录信息录入到计算机系统中，建立档案目录数据

库，利用管理信息系统实现档案目录数据的计算机化管理和目录信息的资源共享。

档案内容数字化的主要工作是将馆藏的纸质、照片、录音、录像、缩微等档案通过扫描、加工、处理（包括去污处理、图像处理、OCR识别等），转变为文本、图像、图形、流媒体等数字格式的信息，存储在网络服务器中，利用计算机及信息系统提供查询、检索和浏览。

二、馆藏档案数字化的思路与方法

“一切为了用”是开展馆藏档案数字化的主要目的。这就说明了档案馆工作人员不仅要开展档案目录信息的著录、馆藏档案内容的数字化加工与扫描，更需要建立一整套完整的综合业务管理信息系统，加强数字化后的档案信息的利用服务工作。由于馆藏数字化需要花费大量的人力、物力和财力，加之数字化加工过程对档案原件也会有或多或少的损害，所以不能盲目地赶潮流、追先进、不分先后、不讲策略地将馆内所有档案逐渐进行数字化。①

（一）做好馆藏档案数字化的前期基础工作

需要对哪些档案进行数字化、采取什么方法来开展、数字化加工需要购买哪些设备，除此之外还需要做哪些准备工作以及如何做等，都是馆藏数字化的前期基础性准备工作。

1. 做好可行性论证

一方面要根据档案利用的需要、资金情况、馆内人员知识结构、馆内软硬件平台、馆内信息化应用现状等基本状况，在充分了解和认识馆藏档案数字化系统建设的复杂程度和技术要求之后，做好馆藏数字化系统建设的可行性论证工作，确保系统建设自始至终不被中断，确保数字化后的档案信息能够真正使用起来，见到实效。

2. 选择数字化加工方式

数字化是保管档案过程中所做的一项技术性较强的现代化处理工作，这对习惯了传统管理工作的档案工作人员来说具有较大的难度。因此，需要提前做好规划，明确系统建设的实施方案。主要包括：馆藏档案数字化系

①卢森林，吴丽华．基于网络环境下馆藏档案数字化、编研与利用研究[M]．北京：北京理工大学出版社，2015.

统分几个阶段完成，每个阶段的任务和目标是什么，应对哪些档案做数字化加工和处理，数字化加工处理过程中的安全控制、进度控制、质量控制和成本控制等过程中应采取的方法与策略，数字化后的档案信息如何与现有的计算机信息系统实现集成，如何发布档案信息以提供利用，如何解决备份和长久保存等问题，这些都需要提前做好解决方案，并在档案工作人员和数字化加工协作人员之间达成共识后才能开始工作。边加工边讨论的方式只能导致工期拖长、见效缓慢、安全性保障难，甚至导致项目失败。

对馆藏结构、馆藏量、馆藏利用量、馆藏档案年度、馆藏档案受损情况、档案存储介质、各存储介质的寿命等综合因素进行深入分析，围绕档案永久保存特点、用户快速查档和高频查档的要求进行深入研究，按照档案利用率和档案的紧急保护程度对库房档案进行量化分析，获得按年、季、月进行排序的需要进行数字化处理的档案案卷数量、纸张数量、纸张大小以及声像和缩微胶片的档案数量等，并以此来提出对购买设备的种类、数量和性能的要求。

如果档案馆内有缩微品档案且数量比较大，以后还会有进馆的缩微档案，就需要考虑是否在馆内购买缩微扫描仪，以解决长期的缩微品数字化的问题；如果数量很少而且以后也不会有缩微档案进馆，那么就不需要购买专用设备，可以考虑采用一次性的外协加工方式。录音、录像档案数字化方案也采用同样的分析方法，根据具体情况考虑是否需要购买专用设备并建立数字化加工流水线等事项。

多数档案馆藏以纸质档案为主，因此建立纸质档案的数字化加工流水线几乎成为必须，当然各档案馆(室)也可以根据自己的实际情况，不购买扫描设备，采取分批分工的外协加工方式，只需要将加工后的数字档案信息进行科学管理、利用信息系统提供服务利用。这也是一种推荐的馆藏档案数字化加工的解决方案，特别是在数字化加工量比较大时，即便是在馆内建立数字化加工流水线，如果没有聘用足够的扫描加工工作人员，单靠档案馆内部工作人员很难在短时间内完成加工任务，达到良好效果，而专业化外包加工服务能够在保障质量和安全的前提下快速完成任务。

(二)确定数字化加工的协作模式

档案内容数字化工作包括数字化预加工和深加工两步，预加工是能够将纸质档案、照片档案、缩微胶片等转变为电子图像文件，不能将纸质档案上的文字信息进行完全处理,深加工则是利用技术含量较高的OCR和语音识别等处理技术获取载体档案中的文字信息,以利于提供全文检索。

馆藏档案数字化工作量大,涉及扫描加工、图像处理、数字信息存储与管理、OCR自动识别等技术,仅依靠档案部门的力量开展系统建设是很困难的事情。

第一,在系统建设之初就需要开展需求调研与分析,考虑需要购买哪些硬件设备和软件支撑系统以及系统能够实现的自动化程度等,这必然需要开展大量的咨询、诊断和分析等工作,聘请有经验的、开展数字化加工的专业服务机构来协助档案馆开展系统规划是非常必要的。

第二,开展数字化加工,首先要建设一个能够支持加工过程各环节进行数据管理的信息系统,然后再基于该系统有条不紊地开展工作,只有熟练操作和使用各类数字化设备的加工服务人员才能确保速度快、质量高,确保工作的有序开展。

第三,数字化加工完成后,生成的各类电子图像、原文信息、档案目录数据等都需要做关联处理,而且需要以光盘或者网络存储方式进行发布。信息发布本身又是一个系统,需要专门开发,如果采用成熟的软件将会大大缩短数字化后的档案数据的呆滞时间。目前,市场上开展数字化加工的专业IT公司已经在信息系统建设、加工流水线、安全保障等方面开展了大量的工作,积累了较为丰富的经验。借助于这些IT公司的力量来开展馆藏档案数字化是一个省时、省力、省钱且相对安全的高效方式。

(三)保障数字化档案信息的真实性

在馆藏档案数字化过程中,数字化档案信息的真实性、完整性保障主要体现在档案实体的扫描加工和档案目录的数字化两个方面。

1.扫描加工过程中的真实性保障

馆藏数字化档案信息在其形成、管理和提供利用的过程中,制定保障档案信息真实性的规章制度是非常重要的管理措施,各个阶段的安全保障侧重点不完全相同。

在数字化加工的档案信息形成阶段,加强对数字化加工人员的管理是非常重要的,其中最重要的是,不允许将档案带出加工基地。另外,数字化承包商为了保证信誉也需要制定严格的加工基地管理措施,多采用半军事化管理,如流程化、自动化、岗位责任制等用以强化管理、反抄袭的管理模式,杜绝档案信息在处理过程中出现人为外泄的情况。在档案信息形成阶段,信息真实性的风险表现为技术上的不成熟因素,如扫描过程信息丢失,从图像到文字转换过程中产生错误识别等因素,因此采取较高的技术手段是完全可以保障信息真实性的。由于每个过程、每个岗位都会将数字化后的档案信息与档案原件进行比较,而且参与加工的人员主要从事体力劳动,一般不雇用文化程度较高的人员,他们对档案也不是很了解,甚至无心了解,因而这个阶段档案信息真实性的保障主要是采取先进的技术手段来减少误差。

在数字化档案信息的管理和提供利用阶段,这与电子文件归档后进入该阶段的管理相类似,同样利用灾难备份库对新形成的馆藏数字化后的档案信息进行备份,并在管理和提供利用的过程中加强网络安全管理,提高档案馆内部管理人员操作的规范性和管理工作的程序化,制定自动校对计划,确保档案信息的真实性。

2.数字化档案目录信息的真实性保障

数字化档案目录信息一般都存储在数据库文件中,它的安全性主要取决于数据库管理系统自身的管理能力,它的真实性主要取决于档案管理员依法管档的严格程度。这一部分数据是管理人员根据档案原件提取出来的、用来描述档案原件核心内容的元数据信息(也可能是电子文件自动归档过程中通过预先设定的规则自动生成的、描述文件属性的元数据信息),这一部分信息并不像档案原件那样具有凭证性作用,它只是为了方便管理和快速检索而形成的,并且在以后的管理过程中某些信息可能会改变。因此,它的真实性并不像人们对档案原件数字信息的要求那样高,但为了不产生负面影响,要求档案目录信息的著录人员应依据档案管理学理论,按照档案著录的标准和规范严格要求自己,严格保障目录信息的真实性,从而更有效地提高档案的检索和利用效率。

(四)加强数字化档案信息的整合与集成

馆藏档案数字化和电子文件归档后,产生了大量的数字化档案信息,如果只将其刻录于光盘或存储在磁盘中,不提供系统化的档案利用服务,是错误的和无意义的,也不是馆藏档案数字化的真正目的所在。一些档案馆在开展数字化之前就使用了档案管理信息系统来管理档案的目录信息,并在馆内提供档案目录信息的检索服务,也有一些档案馆在开展数字化的同时也建立起电子文件归档系统,收集电子文件并整理其目录信息,还有些是将馆藏档案数字化作为档案信息化的启动工程。但无论是哪种情况,都需要处理好当前档案馆面临的电子文件归档、馆藏档案数字化和对传统载体档案管理的业务关系,将这三项主要工作形成的数字化档案目录信息和档案内容对象实行同步管理,对于电子档案有纸质备份的或纸质档案有数字化拷贝的,都需要做关联处理,做到同一档案内容的一致性管理。否则,在档案馆分别建立电子文件管理系统、馆藏档案数字化管理系统、纸质档案管理系统,必然会造成系统间数据重复,甚至不一致,从而增加管理的复杂程度。

21世纪初,我国的各级各类档案馆正处在纸质档案与电子档案并行接收和管理的特殊时期,传统载体档案的目录数字化需要计算机管理,馆藏档案数字化后形成的图像文件需要信息化管理,电子文件归档后形成的电子档案也需要信息化管理。因此,当前档案工作的复杂程度相对较大,需要制定科学的管理制度,梳理管理流程,加强对档案实体和档案数字化信息的集成化管理。只有这样,档案工作的效率才会得到较大程度的提高,档案信息才能得到有效的利用。

(五)保障数字化档案信息的存储安全

数字化档案信息的安全管理是档案信息化应用的前提条件。档案安全管理的重要性是由档案本身和档案管理的性质决定的,档案信息化建设必须充分考虑电子环境、应用系统和档案数据存储等方面的安全问题,正确处理方便、高效使用与安全管理的关系,不能因过分考虑安全而限制了档案信息的网络化传输与使用,这样将大大降低网络化应用系统的使用价值。对于数字化档案的网络化存储系统,一方面要求使用带自动备份功能的专用服务器和数据库管理系统,能够配置备份作业计划并安全执行,如光盘库、磁盘阵列、专用网络存储设备等,使备份信息能够实现数据的迁移和方便地恢复;另一方面也应同时使用安全介质备份,定期刻录(复制)备份信息,实行异地保管。

当然,数字档案的安全保障更需要建立健全管理制度和安全操作规范,实行有效的网络安全管理手段和措施,采用严格的授权管理解决方案。从档案内容的安全管理角度来说,应充分考虑以下基本的安全保障原则:①密级区分原则。对保密档案信息实行物理隔离并将责任落实到人。②内外区分原则。将开发档案信息与受控使用的档案信息进行区分。③用户区分原则。将档案形成人员、档案管理人员和公众用户分别设立不同的使用系统和浏览数据的权限。④系统区分原则。将档案馆内部使用的档案管理信息系统、电子文件归档系统、档案信息发布与利用服务、行政规范性文件管理等系统加以区分，严格控制各自的安全操作权限。

（六）提供数字化档案信息的方便利用

馆藏档案数字化的一个根本目的是方便利用，如果将数字化后的图像刻录成光盘存放在库房中，与纸质档案采用同样的管理方式，那么数字化的效果就很难体现出来。只有真正将档案的数字信息放在网络环境中，提供网络化的高效服务，才能确保投资有收益。

第四节　推动档案资源的社会化利用

在信息社会和知识型社会迅速发展的21世纪，在档案信息化建设与发展的众多方面，无论是技术手段，还是信息资源的有效积累和广泛利用，都必将以档案信息资源的整合、集成、共享、利用作为出发点和落脚点，以传承人类文明，共享信息资源，实现社会的可持续健康发展。

一、档案资源的知识化积累

档案的形成（鉴定、收集、整理与归档）是从个体知识到组织知识，再到社会知识转换的文化积累，动态跟踪的历史记载过程，档案的开发与利用（编研、开放、发布与利用）是人类传承文明、创新发展的进步与发展过程。这两个相互衔接、彼此推动的过程循环往复、推陈出新，构成了人类社会的知识化增长和社会化自适应的档案资源不断丰富的过程模型。这表明了档案文化通过“传承—积累—发展”这样一种类似于文化加工厂的生产工序，随人类自身的繁衍而形成民族文化生生不已、无始无终的传承环链。21世纪初，我国的电子政务与各行各业的信息化已经进入了以知识管理为核心的快速提升和综合运营的重要发展阶段，信息技术的发展把知识管理推到了重要的位置，“以知识为基础的经济社会”的提法更表明了人们对知识和技术在经济增长中的作用有了更充分的认识。[①]

①刘春意．论档案利用社会化的实现路径[J]．湘潮（下半月），2016(01)：95—96.

可以想象，未来的互联网是一个丰富多彩的知识网，是一个储存综合知识的文化资源大仓库。档案作为人类社会活动的原始记录者和忠实承载者，记录了人类社会成果的同时也揭示着人类文化，它是民族文化遗产的重要组成部分。同时，档案在文化传承中占据着举足轻重的地位，发挥着不可替代的作用。因此，档案资源必将会成为未来知识网中不可或缺的重要组成部分，世世代代传承着人类的文明。

二、档案资源的共享化利用

社会信息化使档案信息资源面临着一个全新的生存环境与发展空间。美国档案学者杰拉尔德·汉姆先生曾指出，档案应该记载“人类生活的方方面面”，档案工作者要“创造一个反映普通百姓生活喜好、需求的全新的文献材料世界”，档案馆藏反映了“人类生活的广阔领地”。因此，档案资源唯有回归社会，得到最大限度的利用，才能体现档案保管的价值和作用。事实告诉我们，实现档案信息资源的集成化管理和共享化利用是档案贴近公众、服务社会的最佳解决方案。

要实现档案信息资源的共享化利用，首先必须在档案基础数据库的建设上下功夫。档案基础数据库是建设数字档案馆和开展档案信息化的基础性工作之一，是实现档案信息资源的集成共享、统一管理、高效检索和方便利用的基础信息存储结构，更是国家信息资源数据库建设的重要内容。

今天，我们处于信息技术快速发展的知识经济时代，国家、城市综合服务资源库的建设是社会发展的需要，是加强政务公开、实现便民服务的一项基础性工作。我国已经在人口、法人、自然资源与宏观经济四大数据库的建设方面取得了较大成效，档案作为人类社会活动的历史记载，档案资源的开发利用和档案基础数据库的建设是国家信息资源建设的重要组成部分。可以说，档案基础数据库的建设已经成为各级各类档案馆面向社会提供档案资源利用服务的基本职能，成为我国整合档案信息资源、弘扬民族文化、提高民族素质的历史性课题，同时也是档案工作者采用现代化手段记忆当今社会改革、建设、发展的真实过程，支撑社会经济发展的历史性责任和义务，更是政务公开、提高办事效率和促进科学决策的依据。

美国、加拿大、澳大利亚、德国、韩国等一些国家已经在档案数字化、文档一体化、数字资源长期保存、数字档案馆等方面开展了一些前瞻性和应用性研究，相继制定了电子文件管理的元数据格式与规范，研究开发档案管理信息系统、档案资源共享网站系统建设的思路和方法。国际档案理事会、档案著录标准特别委员会正式公布了新修订的第二版《规范记录著录规则》，于第十六届国际档案大会上正式颁布，该档案著录规则对规范档案目录数据库的检索服务、建立高质量的目录中心具有重要的参考价值。发达国家的经验告诉我们，建设基础数字资源库的宗旨是遵循国际标准，构建跨区域的开放档案的共享资源库，针对公众对档案资源的利用需求提供高效率的查准、查全服务机制。

在我国，目前也有一些省、市级档案馆开展数字档案馆建设，制定了符合各地区需求的数字档案的元数据格式规范，建立了档案目录中心，提供部分开放档案信息的检索服务功能，具有典型示范作用。比如，福建省档案基础数据库建设，它是基于分布式数据库，在原来单机和局域网络的基础上开发完成，它连接了若干分布式数据库，并建立了档案目录数据库、档案内容数据库等。但是多数档案馆还没有真正建立全面的、系统的、面向公众查档需求的档案基础数据库，而只是建立了一些专门的、特定主题的数据库，只能满足一些局部或特定的用户需求，特别是开放的档案信息资源没有实现集成，信息结构不统一，档案数据不系统、不完整、不能共享，更为严重的是，没有形成一个统一的、能够描述数字档案资源的格式规范和建设档案基础数据库的标准方法以及实现档案资源的整合、组织与存储的技术方案和行之有效的建设思路。另外，建设档案基础数据库的关键技术如海量、非结构化的数据存储解决方案，基于知识管理的数据仓库和数据挖掘等技术尚未在档案信息化领域得到广泛应用，这些因素都大大降低了档案基础数据库建设的速度和质量，致使各类档案资源难以形成一个统一的资源库整体，限制了档案资源的深层次挖掘和广泛利用。

因此，研究档案基础数据库的元数据标准集，数字化档案信息的格式规范以及档案基础数据库的建设思路和方法，各类结构化和非结构化档案数据的组织、存储和检索利用的关键技术、整合方案，提供检索服务和共享利用的有效机制等，将成为当前档案馆信息化建设重要的基础性工作。

三、档案信息服务机制变革

随着全国各行各业信息化进程的加快，档案馆信息化应用也逐渐走向更广、更深的领域。档案信息服务将不再拘泥于传统的、单一的方式，将会有所创新，趋向多元化发展。

（一）服务方式由被动性向主动性转变

改变传统的被动服务方式，积极主动地开展档案信息服务。长期以来，在档案信息利用上，总是遵循一种传统的服务方式——"等客上门"。这实质上与信息社会的发展极不协调，不利于档案信息价值的体现与发挥，封闭了档案信息表现价值的众多途径。而档案信息服务方式也必须考虑到档案的特性，"送货上门"也是不行的，不符合《中华人民共和国档案法》的基本要求。档案信息的主动服务方式应该是"请客入门"，具体的措施包括以下几点：①开展针对档案利用者的利用需求研究，主动地提供档案信息利用，首先要广泛、深入地研究不同方面、不同层次的利用者。②进行必要的档案宣传工作，社会对档案还没有广泛的认识、了解，利用它就无从谈起了。③提供多种档案信息利用方式，编制多样化的检索工具，形成一个全功能、高效益的检索系统；加强编研工作，编研成果的出版发行及交流，能将档案价值的精华系统、全面、集中地向社会公布，向档案信息利用者提供有效捷径；拓展档案信息中介服务机构。目前，我国上海、苏州等城市已经出现了这种机构。

（二）服务手段由传统型向现代化转变

计算机网络技术、数据库技术以及多媒体技术的发展使得档案信息服务手段发生了巨大的转变。借鉴相关学科数字化发展的研究成果，实现档案管理现代化应借助于数字化综合管理信息系统，把分散于不同载体、不同地理位置的档案信息资源以数字化的形式储存，以基于对象管理的模式管理，以网络化的方式互相连接，从而提供及时利用，实现档案信息资源共享。我国是发展中国家，经济和技术条件的制约决定了档案管理手段转变的长期性，传统的档案馆信息服务技术与服务手段将得到一定程度上的扬弃，将以新的信息传播循环方式提供档案信息服务。

（三）服务内容由单一型向多元化发展

通过网络等信息技术与其他档案馆、信息机构及整个社会信息资源建立起紧密的联系。其信息服务将增加新的内容：诸如档案信息资源网络化组织管理、档案信息资源的网络导航、档案信息的数字化开发与利用、档案用户的教育培训等。例如，在档案利用者的教育培训方面，就要在对利用者进行传统档案检索和获取方式的培训的基础上，重点帮助利用者学会如何利用数字化的信息资源、如何选择档案信息数据库、如何从网上获取所需的档案信息、如何操作远程通信软件等。档案信息组织方式、检索方式、采集方式，较之其他类型的文献信息来说，具有复杂多样、技术含量高、对利用者信息能力要求高等特点，而我国熟练使用档案信息的人很少，所以对档案利用者的信息检索能力、信息获取能力、信息筛选能力、信息识别能力的培养是档案信息服务的重要内容。

（四）档案资源由封闭性向开放性转变

在网络环境下，档案馆信息服务资源已不再仅仅局限于馆藏档案信息量等指标，而是着眼于档案馆获取档案信息、提供档案信息的能力。所以，档案馆在充分开发利用本馆馆藏档案信息外，还必须通过网络检索利用其他档案馆馆藏信息和网上信息资源。

建立档案信息资源的现代化管理系统，将档案信息纳入计算机网络，从而达到最快捷的信息资源利用效果。通过网络等信息技术实现档案信息价值的最大化，并最终取得档案信息服务于社会的最佳效果。这需要一个过程，从单机操作到建立档案管理信息系统网络、连接有关信息机构网站，最终并入国际互联网。从我国现实情况来看，这将有一个长远的过程，然而这必将是档案馆信息服务发展的终极目标。

（五）档案资源由单一性向多样性转变

档案馆提供的单一信息服务的资源是以收藏纸质档案为主要内容。在网络环境下，档案馆综合信息服务模式的服务资源则要朝着多种载体形式并存的方向发展，包括各种电子文件、光盘、多媒体、缩微载体和声像载体等，尤其要增加数字化馆藏资源的建设。网络环境下的数字档案馆所拥有的完整的馆藏含义应该是“物理实体馆藏+数字化馆藏”。我国档案馆在档案信息数据库建设方面的任务是：在保留传统档案文献的同时，应通过协作与协调，在一定程度上对馆藏资源进行数字化，要注意将各馆独特价值的馆藏文献数字化，制成光盘或上网传播，使各馆上网信息独具特色，并在此基础上形成一个档案信息网络。

四、档案文化产业的形成与发展

文化产业在全球范围内是一个新兴的产业。20世纪50年代，文化产业在西方一些发达国家逐渐兴起，随着社会物质文明的进步与发展，追求精神上的享受已经成为一种时尚，甚至成为人们生活的必需。我国文化产业的发展起步较晚，但在教育、体育、旅游、出版业、娱乐表演、媒介广告、影视以及印刷、中介、经营、管理、咨询等方面已经形成规模，有相对完整的运作体系。现在国内很多著名的城市，如北京、上海、昆明等，已经将文化产业和信息产业列为城市发展的两大产业支柱。这充分说明了新时期文化产业的形成与发展已经成为我国国民经济发展的重要内容。档案作为网络时代重要的信息资源，在现代知识经济型社会中起着越来越重要的作用，档案业务的开展正在被推向新的工作模式，档案文化的发展也被置于一个全新的市场背景之下。

具有深厚文化底蕴的档案，其固有的知识性、价值性、信息性、凭证性决定了档案是全社会重要的文化资源，具有潜在的开发利用价值和市场需求，这是档案文化产业能够形成的先决条件。这里，我们试图按照文化产业的运作规律定义档案文化产业的理想模式。档案文化形成产业必须具备的基础环节以及这些环节需要有协调互动的关系。

收集和整理、鉴定和归档业务是档案文化产业链的生存基础，不断积累和丰富的档案随着社会的发展和时间的推移，成为宝贵的社会资源，它的深挖掘、细加工和全方位的开发利用是使档案资源价值增值的基本手段。因此，专业化的编研与开发是产业链活动过程中最重要的内容之一，也是将档案资源转变为文化产品的重要环节。商品化运作是人们认识档案文化产业的根本途径，只有经过流通环节才能变成人们熟知的商品，才能被消费、被吸收，也才能产生更高层次的需求，这是产业链能否形成的核心因素；需求流（即市场信息流）、资源流和资金流贯穿档案文化产业发展的全过程，缺一不可；档案文化产业链中每个环节点上的活动可以自成体系，各个环节协调运作是档案文化产业链持续存在和良性发展的基本保障；档案文化产业的发展与壮大将会增强人们对档案资源的认知度，将会吸引更多的投资者，借助于档案文化产品产生越来越多的社会效益和经济效益。

全球经济一体化使得档案文化产业的形成具备了充足发展的条件，但要真正发展起来，形成以档案文化产品为服务对象的产业化服务，还需要根据我国档案事业发展的具体现状，适时、适度地开展，同时也需要看档案从业人员和相关领域的工作人员能否抓住机遇，迎接挑战，开展各项有益于社会发展的档案文化宣传和利用活动。当前，我国的档案事业已经在以公益性档案服务事业为主的基础上，开始了商品化档案文化产品市场的开发与发展，这是适应全球经济发展的重要举措。然而，为适应社会的进步与发展，我们还需要进一步在档案事业和档案科学领域中不断地探索和思考，不断地创新和发展。

（一）更新观念，关注现实，按照先进文化的理念管理档案

按照先进文化的理念管理档案是摆在我们面前的极其重要的任务，也是历史赋予我们的重任。在理论上有所突破的同时，更应关注现实实践的探索与应用。就档案文化产业的功能而言，主要体现在利用档案资源为人类各种活动提供的服务上，而不在于其能否营利和在多大程度上营利；其服务的对象应该有社会性和广泛性，应该包括对社会各阶层、各领域的服务。当然，这种服务有一部分应该是有偿的，但其公益性决定了必须是微利的。事实上，档案的有偿服务已经在档案利用方面体现出来。可以预言，今后可能有多种收入渠道建立起来。档案有偿服务是一个十分复杂的问题，盈利在现阶段很难作为档案文化产业建立的前提，档案文化的发展也不可能靠档案部门自身的有偿服务来维系。

（二）以政府改革为契机，调整工作体系，转变职能，创新档案文化发展体制

档案管理体制改革势在必行，应以政府改革为契机，调整档案工作体系，转变职能，适应知识经济时代档案文化发展的需要。可以考虑将学会改为协会，发挥协会工作制的积极作用，将教育培训、沟通协调、评估等协同工作交给协会来开展。政府要把档案工作列入经济社会发展计划，各地方或专业协会的职能要用法律形式固定下来，以协会为纽带，以档案馆（室）为实体，加大档案局的执法监管力度，重构新型的档案管理工作体系。从功能上讲，档案局的工作重点放在如何保证国家对档案的依法管理和国家对档案资源的所有权，主要职能是要体现依法监管和服务。档案协会是以服务为主、监管为辅的行业组织。档案馆是档案工作实体，作为协会成员，应履行会员义务，缴纳会费，得到协会提供的服务，并接受协会监管。同时，协会也

是档案工作或从业人员利益的保障组织,在依法治档和保守国家秘密的前提下开展活动。

(三)以信息化为手段,促进档案行政管理体制改革

现行的档案制度、馆藏优化工作是长期未解决的重大课题。信息化工程的实施可以将档案的实体管理与信息管理实现物理分离,改变或取消多年沿袭的档案制度,仅此一举,就能为档案工作节约巨大的人力、物力。在目前情况下,档案信息的网络服务则能从根本打破多年来档案重保管、轻服务的现状,根本改变人们对档案工作的认知程度,这对开发档案信息资源意义十分重大。我国信息化的理论和实践都证明,在实现管理机构的扁平化、提高行政效能等方面,信息技术起着重要的能动作用。就行业特点来讲,档案也是发挥信息化功能的最好应用领域之一,依靠信息决策依然是档案高层管理的主要理念,特别是办公自动化与电子文档管理的集成,现在和将来都是政务与企业信息化的重要方面。档案信息又成为各类数据仓库与决策支持系统的基础数据组成部分,为电子政务所必需。

(四)开展旨在建设先进文化的各类档案收集、利用、宣传、服务活动和项目

当前我国档案文化产业活动主要依靠政府财政拨款的支持,在一个较长的时期内,仍会以这种方式为主。目前,各类档案文化活动相继开展,如教育、展览等活动取得了比较好的社会效益。重大事件和个人档案的征集工作也有新的突破,但在认证服务和各类提供凭证性的服务工作中,作为档案部门的特色服务方面仍无章可循,存在很大的随意性。在现有机制下,档案的收费服务规定也不统一,主要是科技、教育及文化档案本身的市场化利用没能反映知识产权的价值。在以后的改革和新的管理体制下,这些方面应该有所突破。今后,在档案服务方面,通过网络计算机提供的档案信息服务将成为档案文化服务的主流,这种服务无疑是面向全国经济政治的各个领域,其范围也将是全国化和国际化的,如果没有市场化运作的保障机制,将是不可能实现的。

(五)提高档案工作人员或从业人员的综合素质

提高档案工作人员或从业人员的综合素质是档案文化得以发扬光大的

关键。近年来,档案人员文化素质的变化很大。但是改变档案人员“档案保管员”“资料保管员”的形象以适应现代社会发展,还需要较长的一段时间。档案工作者应该具备所在行业的普遍性常识和档案管理的专业知识,要掌握信息化知识、基本的计算机操作技能和数字化档案的管理与备份技巧,又要有文化产业要求的市场开发能力和服务能力,达到信息时代的公务员与文化工作者的双重要求。这无疑是对现在档案工作者的挑战。

当前,我国正处在以档案文化产业政府监督与资助下的公益性档案服务事业为主、以商品化档案文化产品市场为辅的格局中,各级政府和档案部门正积极筹划,以深化改革为契机,把档案文化推向社会,推向市场。相信将来有一天,人们必定会迎来一个档案事业发展的新时期,档案文化将成为社会文化产业中的一朵奇葩。

第五节　档案资源实行多元化保存

21世纪,社会信息化的普及与应用使档案信息的保存与管理呈现多元化趋势,档案的保存方式正从以纸质档案为主的传统载体走向光、电、磁、网络等新型载体,而且随着数字档案信息量的不断增长和扩大,档案的管理和存储问题势必引起社会的高度重视。

一、介质存储

从古至今,介质存储一直是保存档案的主流方式,不同介质承载的档案本质属性并无差别,都是人类认识世界和改造世界的历史记录,是社会的重要信息资源。人类曾以石器、竹器、纸张、磁带、缩微胶片等作为载体记录档案的内容,而在网络信息时代,由于档案的形成在很大程度上依赖于计算机及其应用系统环境,档案信息以数字形式展现给人类。为了保存这些数字形式的文件和档案,人类发明了软盘、磁盘、光盘等存储数字信息的新型载体,使用这些载体,人们能够方便地存储、迁移、展示和传播档案信息,开展深入的编研开发工作,为社会提供档案利用的多样化服务。与传统档案载体相比较,数字形式的档案载体为公众提供了灵活、方便利用档案的机会,而对于习惯了保管传统载体档案的档案工作者来说,面临的新挑战是,如何将这些新型载体档案进行永久保存和广泛利用。①

关于数字资源永久保存问题的研究，国内外已经有很多单位付出了努力，有的致力于提高数字信息载体的寿命，有的则在扩大载体的存储容量、降低存储成本上下功夫。以光盘为例，自20世纪90年代中期以来，光盘作为现代数字信息存储载体，以其制造成本低廉、容量大、使用方便、保存时间长等特点而正在取代许多传统信息存储载体如纸、磁带等。光盘的使用越来越广泛，而且随着光盘技术的发展，光盘的容量越来越大，从CD、VCD、到CDR、DVD及CD-RW、U盘等新产品层出不穷。然而，正是由于数字信息载体的更新换代太快、太频繁，尽管一代代产品的兼容性越来越好，但由于档案这一固定内容的"原始性不能被修改"的属性决定了档案具有快速发展和频繁更新的特殊性，肩负保管社会历史记录重任的档案工作者，不仅要考虑档案信息利用的深度和广度，还需要重视档案的完整保存和真实有效。

因此，很多专家提出了21世纪"双套制"工作策略并被很多单位所采纳，即将有保存价值的电子文件归档时，同时做一套纸质备份或制作缩微胶片，延长档案的保存寿命，将存储在数字信息载体上的档案主要用于提供利用服务和载体备份。

"双套制"是过渡时期档案管理的一种可操作解决方案，在一定程度上减轻了档案工作者保存档案的压力，但增加了管理过程的成本。在实际工作过程中，很多单位采用纸质、缩微、数字信息载体各制作一套备份，使制作成本、管理成本呈现持续上升的趋势。应该说，随着档案信息量的增大，这种方式很难持续较长的时间。另外，并不是所有的数字档案都能够制作纸质或缩微的备份，只能以数字载体形式进行存储，这就需要加强管理，制定长期保存数字档案数据的管理规范和规章制度。在选择较长寿命存储载体的前提下，定期进行检查，根据需要做数据迁移，并在数据迁移的过程中确保档案的真实、完整和有效。因此，我们期待具有较长寿命和稳定特性的数字信息存储载体问世的同时，更需要提高现代管理的水平，保证工作的有效性。

二、网络存储

数字档案信息的产生是历史的必然，也是社会公众对档案利用渴望的

①索晓欣．高校档案管理的多元化发展探讨[J]．赤峰学院学报(自然科学版)，2021，37(10)：72—74.

结果。档案记载着历史,传承着文化,档案信息对人类社会的发展与进步起着承前启后的作用。在数字化高速发展的今天,网络已经渗透到社会各个领域的日常运营管理中。具有海量存储性能的网络存储产品及其组织与管理数字信息的软件系统的问世,为数字档案的存储提供了可能。各级机构建立的互联网、专网和内网则为档案的网络化收集、整理、归档、存储、传播、利用提供了基础平台。网络存储领域最典型的代表有直接附加存储、网络附加存储、存储区域网以及内容寻址存储。事实上,DAS(直接连接存储)、NAS(网络连接存储)、SAN(存储区域网络)和CAS(中央认证服务)是集数据存储硬件设备和数据管理软件系统为一体的存储解决方案。区别于介质存储的脱机方式,网络存储的主要作用是提供数字信息的在线访问,而数据管理则是解决网络上数据的组织、存取与访问方式,目的是管理数据并提供访问机制。通常采用关系型数据库管理系统(RDBMS)、文件数据管理系统和内容存储管理系统等。

网络存储技术解决方案是将数据存储与数据管理技术紧密结合起来,提供存储和管理的一体化解决方案。所以,存储管理软件与存储器硬件设备在网络存储管理方案中占有同等重要的地位。网络存储未来的重点已经不仅仅是硬件技术本身的问题,而是如何高效地对存储资源进行管理。存储管理应该包括三个基本范畴,设备管理、用户管理和数据管理。

另外,需要指出的是,在选择网络存储的硬件设备时,数据通信接口标准是非常重要的因素。目前,有两种技术标准即光纤通道技术和IP存储技术。光纤通道技术是由存储网络工业协会(SNIA)推出的存储管理接口规范(SMI-S),是一次革命性的进步。其主要目标是使不同的存储设备供应商提供的系统之间能够互相兼容。SMI-S的部分基础是建立在分布式任务管理通用信息模型(CIM)上的,它是一个面向对象的信息模型,定义了系统构件的物理和逻辑结构。CIM则是基于Web的企业管理的一部分,它包括一个基于XML的加密规范和一个通过HRITP访问模式化对象的方法。SMI-S的主要目标是提供一个基于标准的管理接口,使存储设备上的数据可以被视为逻辑组件,如逻辑单元、存储池等。在理论上,SMI-S可以给网络管理员提供一个在不同供应商提供的设备中发现设备的标准接口,通过这个接口可以收集设备的配置、状态信息以及上述逻辑单元的信息。光纤通道技术对那些要求可靠、高性能的高端SAN用户是一个技术风险较低的选择。但它的高成本、有限的互操作性、相对还不太成熟的标准，决定了它并不是对所有的用户都很合适的技术产品。IP存储技术的最新进展是ISCSI(计算机系统接口)技术，它使SCSI指令封装于TCP/IP协议中传输。

ISCSI既有光纤通道技术的部分优点，又继承了以太网和IP技术的优点。另外，ISCSI也克服了光纤通道技术的距离限制。理论上，用户可以以一个相对较低的投资实现WAN上的远程复制。最初的应用是具有ISCSI光纤通道技术的桥接路由或网关，未来将发展为端到端的IP连接。ISCSI兼容的设备要比光通道设备便宜得多，因而有更广泛的市场。由于ISCSI是进程敏感型的，软件驱动和标准的以太网卡也许无法有效地支持它。因此，需要开发TCP/IP卸载引擎或者ISCSI主机总线适配器技术。其他IP存储技术包括IP网络上的光纤通道技术，它可通过IP通道将两个光通道帧汇集成单一帧。IFCP(光纤信道协议)是网关到网关的访问方法，它将光通道帧封装到IP包中，在IP地址和光通道设备间建立映射，以实现光通道存储设备之间的传输。ISNS(存储名称服务协议)是IFCP和ISCSI系统中用于设备发现的协议，这几个协议目前都是IETF(互联网工程任务组)的标准草案。FCIP(基于IP的光纤通道)和IFCP的主要驱动都是在SAN上的扩展，它使用户能够实现长距离的远程复制，IFCP和FCIP可以很好地应用在一起。

三、备份管理

网络、计算机、信息系统的深入应用和普及，各档案馆(室)的网络系统内的服务器和网络存储设备担负着关键的应用，存储着重要的信息和数据，为领导及业务部门提供综合信息查询的服务，为业务部门提供数据处理、辅助业务处理和数据存取与访问等功能，为网络环境下档案利用者提供快速高效的信息查询、检索和利用等的各项服务。因此，建立可靠的备份系统，保护关键应用及档案数据的安全是信息化应用中的重要任务，在网络、系统发生人为或自然灾难的情况下，保证档案数据不丢失，系统能够得到快速恢复，尽量将损失降到最低。所以，备份也是保障数字档案安全存储的一个重要方法。

一个完整的网络备份方案应包括备份硬件、备份软件、备份数据和备份计划四大部分。备份硬件通常采用硬盘介质存储、光学介质(光盘和磁光盘MO)和磁介质(磁带)存储技术。与磁带或磁带机存储技术和光学介质备份相比，硬盘存储所需的费用是比较昂贵的。磁盘存储技术能够提供容错解决方案，但也很难抵御病毒和用户的错误使用；光学介质备份提供了比较经济的备份存储解决方案，但它们所用的访问时间比较长且容量相对较小，当备份大容量数据时，所需光盘数量大，管理成本增高；磁带具有容量大且可灵活配置、速度相对适中、介质保存长久（存储时间超过30年）、成本较低、数据安全性高、可实现无人操作的自动备份等优点，但检索起来不太方便。

备份软件主要分为两大类：一是各个操作系统厂商在软件内附带的。二是各个专业厂商提供的全面的专业备份软件。选择备份软件时，不仅要注重使用方便，自动化程度高，还要有好的扩展性和灵活性。同时，跨平台的网络数据备份软件能满足用户在数据保护、系统恢复和病毒防护方面的支持。一个专业的备份软件配合高性能的备份设备，能够使损坏的系统迅速起死回生。

备份计划是备份工作中的管理功能，是备份策略的具体描述。规定每天的备份以什么方式进行，使用什么介质，对什么数据，在什么时间进行以及系统备份工作的实施细则等。备份方式主要有全备份、增量备份和差分备份。全备份所需时间最长，但恢复时间最短，操作最方便，当系统中数据量不大时，采用全备份最可靠。增量备份和差分备份所需的备份介质和备份时间都会少一些，但是恢复起来要比全备份麻烦一些。用户根据自身业务对备份窗口和灾难恢复的要求，应该进行不同的选择，以得到更好的效果。

备份数据是备份工作的内涵所在，按照备份计划将网络系统中有用的数据、程序、文件等备份到预先选择的存储介质中，以保证数据意外丢失时能尽快恢复，将用户的损失降到最低点。

这里，需要重点指出的是，灾难备份与恢复是档案信息化中应采用的重要措施，这是由档案的不可再生性及其原始特殊性所决定的。灾难备份与灾难恢复措施在备份工作中占有相当重要的地位，它关系到系统、软件与数据在经历灾难后能否快速、准确地恢复。灾难主要包括地震、火灾、水灾等自然灾难，以及战争、网络攻击、设备系统故障和人为破坏等无法预料的突发事件。尤其在网络病毒传播速度非常快的今天，如果没有一定的应急响应能力，突发事件将给社会带来灾难性的后果。加强灾难备份，建立应急响应措施，就可以做到减少灾难所带来的社会成本和压力。在信息化环境下，灾难备份是应对突发事件、保护信息的相应的防范措施。

尽管灾难备份建设是一项比较复杂、周密、细致的系统工程，涉及灾难备份中心选点、灾难备份中心建设、机房建设、基础设施建设等内容，同时还涉及灾难备份系统建设、专业运营队伍建设、灾难备份中心运营管理体制建设和灾难备份中心运营管理等工作。不仅需要投入大量人力、物力和财力，还需要考虑灾难备份系统的实施所面临的技术难度以及经验不足所带来的风险，而且需要考虑长期运营管理方面的资金投入。但作为21世纪的档案工作者，在开展档案信息化建设之初，就必须引起足够的重视。

第六节　数字档案实行安全性保障

从古至今，人类一刻也没有停止过思考和采取各种方法和手段来保障档案的安全，维护档案的历史性和真实性，保护档案的真实、完整与有效。对于传统载体的档案，人们已经探索了上千年，已经逐步形成了保护档案安全、维护档案真实原貌以及档案永久保存的各种技术、手段和方法，如档案馆公共环境的安全保卫制度、档案馆库房的恒温恒湿措施、纸质档案的技术保护、档案的缩微处理等各种有效措施和手段。自20世纪90年代以来，电子文件归档、馆藏档案数字化都逐渐形成了各种数字形式的档案，由于数字档案的网络化、计算机化和数字载体的存储方式的多样化，又对档案的安全保障提出了新的要求，传统的安全保障方法主要适合于存放在档案馆的实体档案，难以满足网络环境下的数字档案的安全保障要求。基于这样的需求和业务发展的需要，人类正在不断地探求和摸索，寻找既能保护现有馆藏档案的安全，又能确保数字档案安全的整体性解决方案。

一、数字档案安全保障的基本思路和方法

网络、计算机、存储器和信息系统是数字化档案信息生存的基础，也是引发安全问题的风险基地。黑客攻击、病毒蔓延、信息窃取、技术落后、制度不健全、管理不规范、措施不到位、治理不及时是产生不安全因素的根源，其中有客观的因素，也有主观的原因。因此，加强对客观侵害行为的防范、对漏洞的治理、对安全事故的补救是保障网络畅通、系统稳定、数据安全的重要措施。只有网络和系统安全了，制度规范健全了，组织团队落实了，数字

化档案信息的安全才能得以保障。[①]

(一)建立技术保障体系,提高网络与系统的安全性

积极防御、综合防范,创建安全的网络、系统和应用环境,保障数字化档案信息的安全需要从网络、系统、应用、数据等多个层面来分析问题,并提出解决问题的策略、方法和措施。

1.保障网络安全

启用入侵检测和访问控制的联动服务。网络安全主要包含两层含义:一是基础设施、网络与计算机设备等硬件设备的无故障运行,其安全性关键在于要购买优质的硬件设备并在运行过程中加强管理和维护,确保科学使用,这一点只能靠机构中的人和制度来保障;二是保障合法用户的正常使用,确保网络上信息资源不被非法用户盗窃、更改。防火墙和入侵检测技术是常用的保障网络安全的两种手段,入侵检测技术侧重于监测、监控和预警,而防火墙则在内外网之间的访问控制领域具有明显的优势。如今,面对网络攻击手段复杂度的不断提高及融合能力的逐渐加强,在网络层采取安全技术的集成化应用和安全产品的联动启用措施,全面提高网络的综合防范能力,已经成为人们保护全网安全的重要举措。

2.保障系统安全

加强升级服务,做到无漏洞运行。几乎所有的操作系统及其提供的应用与服务均已发现有安全漏洞,并且越流行的,其安全问题越多。目前,各操作系统的开发商已经开设了专业通道,提供升级服务的补丁程序下载、安装和检测服务,而且大多是免费的。因此,能否做到系统的无漏洞运行,关键在于人们是否使用正版软件,增强安全意识,并做到及时升级,及时打补丁。对操作系统的安全,除了不断地增加安全补丁外,还需要时常检查系统的各项设置,如敏感数据的存放方式、访问控制机制、密码更新的频度等基础性策略,并充分利用操作系统提供的强大功能,首先建立基于本机操作系统的安全防御与监控系统,保障各客户端的无漏洞运行。

3.保障档案信息系统的安全

采取防偷窃及基于生物识别的强身份认证措施。档案管理信息系统是特定的应用程序,它的安全主要取决于是否是合法的用户在合法的权限范围内执行了合法的操作,做好系统用户的安全管理,不给偷窃者以机会。目

①杨丹一. 我国数字档案资源风险管理问题与对策研究[D]. 保定:河北大学,2019.

前，保障合法用户的做法是采取强身份认证、加密和防密码偷窃等技术，如指纹识别、虹膜认证等，都是确保用户身份的高安全性技术措施，生物识别技术已经广泛应用于硬盘加密、数据加密、身份验证等环节。而对于合法用户越权操作与非法操作的情况，主要取决于内部安全管理制度和措施的有效性实施与落实。

4.保障档案数据的安全

实行隔离、加密、灾难备份等措施。安全管理的最终目的就是保障网络上传输的、系统中存储的、用户访问到的档案数据和信息是真实、完整和有效的，并保障系统操作者能够方便地访问自身权限范围内的数据，杜绝无权用户进入系统。因此，数据加密、硬盘加密、文件系统加密、增加系统存储的复杂性等都成为保障数据安全的有效措施。对于保密和绝密的数据应采取物理隔离，不允许上网操作。而异地备份则是避免地震、火灾等的重要防范措施，更是确保档案信息安全必不可少的重要备份措施，任何档案保管机构都应建立灾难备份系统。

5.病毒防范

建立网络化的病毒防范体系，实现病毒库的同步升级。几乎有网络和计算机存在的地方都会有病毒。谈毒色变的主要原因是不了解病毒的工作原理，病毒泛滥的主要原因是病毒库升级不及时。因此，每台计算机上都应安装防病毒软件系统，并及时更新病毒库。而对于网络环境下的一个组织而言，病毒杀不尽的原因则是网络上至少有一台机器有病毒，并在网上扩散传播。因此，购买网络版的防病毒软件，建立网络化的病毒防范体系，实现病毒库的统一管理，同步升级，是防范病毒侵害数字化档案信息的有效措施之一。同时，加强对病毒知识的学习，提高机构中每位员工的主动防范意识和警惕性也是非常重要的保障措施。

然而，各种技术保障措施固然可以为网络、计算机、存储设备、系统服务、应用程序等软硬件系统建立硬件防护体系，但要使它们真正起作用，还需要管理制度这样的软件防护体系与之协同工作，其中人是最关键的因素之一。正像木桶原理所阐述的道理一样，网络及信息的整体安全取决于包括操作人员在内的整个网络系统环境中安全性最薄弱的环节，也就是说，如果网络中有一个人不按规范操作、有一台机器留有漏洞、有一个应用程序感染病毒、有一个端口留有后门，都有可能造成整个网络的彻底瘫痪。因此，需要建立健全的安全管理制度和一体化的管理方案，并将措施落实到组织中的每个人、每件设备、每台机器、每个应用、每个服务，才能确保网络、系统和数据的安全。

（二）建立制度保障体系，实现档案安全管理的程序化

保障网络、系统和档案信息安全的永久性措施应该是建立程序化、制度化管理模式并严格执行、落实到位。这同样需要在网络层、系统层、数据层和应用层分别制定相应的政策与规范，并采取必要的措施强化落实，做到制度正确，落实见效。

1. 网络、机房、服务器管理规范

主要包括制定保障网络线路、通信设备、交换机、服务器、主机房内和网络，支持档案管理机构内部档案信息系统运行的网络基础设施的防火防盗管理制度，以及保障该机构局域网内部用户访问内部档案信息资源和访问互联网的操作规范，制定本项操作规范的依据是业务部门的实际需求，制定规范的决策者和执行者，任何用户只是按照被分配的权限进行操作，不能越位执行。

2. 数字档案信息安全存储管理规范

根据档案信息的安全级别和保密程度的不同，需要分门别类地制定不同的管理规范，确定不同的存储方案。密级档案信息应实行物理隔离，专人操作，必要情况下对硬盘采取强制安全加密措施。内部处理的档案业务数据在开展网络化共享与维护的过程中，严格区分用户的访问权限，对外开放的数据重点制定防范数据被篡改的策略和方法。制定本项操作规范的依据是档案法及机构规定的档案管理制度。

3. 个人PC和客户端的安全操作规范

客户端的安全操作规范主要是指客户端的上网制度、客户端的安全配置规范、客户端应用系统的安装、运行和维护方法、客户端及个人用户在使用档案管理信息系统时的操作规范等方面的要求，这将涉及组织中每一位员工，任何人都不能轻视。制定该项制度的依据是整个档案业务管理机构全网安全和信息安全的总体要求。

4. 数字档案应用系统的安全操作规范

电子文件归档系统、馆藏档案数字化系统、档案信息发布与提供利用的

网站系统等应用程序是我们访问数字档案信息的重要工具,建立有效的操作规范,确定科学的数据转换与图像处理的技术参数,采取数据加密措施,实施严格的权限管理制度,是制定应用系统安全管理的重要内容。该项制度一旦确定,重要的是需要做到持久执行,并在执行的过程中逐步完善。

(三)建立组织保障体系,促进安全保障的有效性

目前,在我国档案行业,确保网络和档案信息安全的组织保障体系(以下简称为信息管理组织体系)与行政管理和实际业务管理过程中的组织体系(以下简称业务管理组织体系)往往是不同的,其主要区别在于,信息管理组织体系中的成员几乎不参与决策,更无权支配和调配信息化项目的资金和团队成员,日常工作中扮演的几乎都是“救火队”的角色。主要原因是,业务管理和信息化应用没有真正融为一体,两者之间隔着观念和认识上的鸿沟。事实上,理想的管理模式是二者合一,要求机构的领导是既懂业务又熟悉信息化应用的现代化管理人才,要求档案业务工作者也是掌握多项技能的复合型人才,要求机构中的每位员工把信息化和档案业务作为同等重要的基础性工作来开展。

信息管理组织体系中有四个重要角色:一是主持信息化建设和应用实施的项目负责人,信息资源管理的决策者——CIO(首席信息官);二是确保网络安全运行的网络管理员——NA(网络管理员);三是确保系统和数据安全的系统管理员——SA(系统管理员)。NA、SA和CIO是整个信息安全保障体系建设的决策成员,而借助于网络、计算机开展工作的业务人员则是信息系统中的用户——User,用户的上网和访问系统与数据的权限是由NA和SA根据档案管理业务的实际需要和网络安全管理的制度进行分配的,不经允许是不能越权操作的。

信息管理组织体系中一个重要的管理理念是任何角色都不能越位操作,即便是CIO、SA或NA也不能不顾制度约束而随意更改业务数据。制定系统内每个用户操作权限的依据必须是业务组织体系中岗位职能的正确、合理和有效的对应与体现。

(四)建立安全监控体系,落实安全保障的有效性

档案信息安全运行的法规、制度、标准与规范将随着信息系统的建设和运行逐渐得到发展和完善,但档案信息系统和档案信息是否能够真正获得

安全保障,关键还在于这些安全法规和标准制度是否能够得到有效的执行和应用。因此,在健全网络安全法律法规的同时,还应加大执法力度,加大运行管理与监督控制的力度,为网络与系统的安全运行提供法律保障和运行保障的长效机制。这一目标的实现不仅需要档案管理部门及所有人员付出努力,更需要国家立法机构的支持,还需要建设、使用和维护档案管理信息系统安全运行的所有参与者不断加强安全意识,执行安全制度,随需求改变和完善安全管理策略确保系统运行和档案信息存储的持续安全。

安全审计、安全监控等都是网络与系统安全运行的监控手段和方法。安全审计和监控的对象主要是网络、服务器和计算机系统的环境安全、实体安全、机房设备的防电磁泄漏、软件安全技术、软件加密技术、操作系统的安全管理、数据库的安全与加密、数据传输的安全与加密、局域网安全控制、计算机病毒的诊断与消除、系统的运行安全,以及整个系统的安全解决方案和安全评估等,都属于将纳入安全审计和安全监控的范围。

安全监控的具体措施包括:各级保密工作部门和机构负责本地区、本部门网上信息的保密检查,发现问题,及时处理;涉密信息网络必须与公共信息网实行物理隔离;在与公共信息网相连的信息设备上不得存储、处理和传递国家秘密信息;加强对上网人员的监督与管理,明确责任,确保在公共信息网上不发生泄露国家秘密的事件。

随着信息安全的专业化发展和复杂程度的提高,保障信息安全的技术与方法难度也在逐渐加大。同时,由于信息安全是个动态的、发展的过程,不可能一步到位。因此,基于成本考虑和技术先进性考虑,信息安全外包成为一种趋势,信息安全服务是信息安全外包的一项最重要内容,也逐渐被市场所接受。信息安全服务提供包含从高端的全面安全体系到细节的技术解决措施,安全服务分层次和内容进行开展,主要包括信息安全咨询和信息安全策略服务、安全监控和安全审计服务、安全响应和安全产品支持服务等。

因此,安全监控体系的建设,首先应根据各单位执行安全审计和安全监控的能力,选择是否采取专业化服务来开展,其次是要确定安全监控的层次和内容,最后要选择合适的安全监控服务的专业机构或团队来确保安全监控体系的建设与执行。

二、基于电子签名保障电子文件归档的安全

《中华人民共和国电子签名法》早已签订生效。《中华人民共和国电子签名法》赋予电子文件及电子签名以法律效力，设立并规范具有安全保障系数的电子认证机构与服务制度，保障电子文件在通信及各种处理活动中能被安全使用，防止了电子文件在传输过程中被他人篡改、增删等违背当事人意愿的行为，避免了电子文件发送者不承认或随意修改文件、逃避应当履行法律义务的行为。应该说，法律效力的保障使电子文件网上活动的安全性增强了，双方开展工作的信任度也增强了。

拥有合法电子签名的电子文件原件归档后将形成真正的电子档案。合法有效的电子文件移交到档案馆可以采取介质归档，也可以采取网上归档。具体实现过程包括：电子文件内容的真实性和完整性的确认，归档单位和归档责任者身份认证，归档单位对电子文件执行电子签名，档案馆接收人对电子签名的验证和对电子文件可读性的确认。

电子文件网络化归档的工作流程，整个系统工作的必要条件是归档单位具有第三方认证的电子印章，归档单位和档案馆需要建立能够阅读带有电子签名的电子文件原件内容的管理信息系统，即建立归档文件中心和电子档案中心两个信息系统（归档文件中心与现行业务系统的数据备份系统保持同步工作），电子文件一旦被修改，系统能够识别，而且会将其视为无效文档，并通过各种技术手段保障经过电子签名后的电子文件的安全、完整和可读。

（一）电子文件原件及其完整性确认

档案形成单位所采用的现行业务管理信息系统是电子文件原件及其元数据信息的发源地，系统的安全可靠是确保电子文件真实性的根本依据，档案工作者应按照档案接收和保管工作的要求，在该系统建设之前提出具体的保障电子文件真实性需求，并提前开展档案的指导工作。特别是应在电子文件即将结束现行期使命之前，提示各单位做好备份和归档准备等各项工作。更为重要的是，应将拥有电子签名的电子文件最终文稿及时地转存到归档文件中心，以便及时开展归档工作。

（二）归档单位及归档责任者身份认证

系统中包括单位和个人双重身份认证内容。归档单位的身份确认是通过《中华人民共和国电子签名法》中规定的具有权威性、可信任性和公认性

的电子认证服务机构提供(简称CA服务机构,即认证中心)并签发的电子印章和证书,进行身份认证的方式分为单向认证和双向认证。电子文件归档采用单向认证方式,实现档案馆对归档单位网上传输的电子文件的合法身份认证,这时档案馆需要从CA服务机构的目录服务器中查询索引,获得证书之后,首先用CA的根证书公钥验证该证书的签名,验证通过说明该证书是第三方CA签发的有效证书,然后检查证书的有效期、检查该证书是否失效或进入黑名单等,从而确定归档单位的身份有效性。关于归档责任者的身份认证也可以采取上述方法,但一般只需要在信息系统中采取像指纹、密码等有效措施就可以得以保障。

(三)电子签名的实现

归档单位在登记注册合法的电子签名后,拥有CA服务机构发放的签名证书的私钥及其验证公钥。实现签名的过程是:首先确认需要归档的电子文件,然后用哈希算法对电子文件做数字摘要,再对数字摘要用签名私钥做非对称加密,即做数字签名,最后将以上的签名和电子文件原文以及签名证书的公钥加在一起进行封装,形成签名结果发送给接收方,等待接收方验证。

(四)电子签名的验证

档案馆接收到数字签名的结果,其中包括数字签名、电子原文和发方公钥。进行签名验证,首先用归档单位发送过来的公钥解密数字签名,导出数字摘要,并对电子文件原文做同样的哈希算法,获得一个新的数字摘要,将两个摘要的哈希值进行结果比较,结果相同则签名得到验证,否则签名无效。这就做到了《中华人民共和国电子签名法》中所要求的对签名不能改动、对签署的内容和形式也不能改动的要求。

(五)签名电子文件的可读性保障

归档单位归档时发送给档案馆的和档案馆接收到的都是经过签名的电子文件,经过合法性和完整验证后,电子文件就成为电子档案并由档案馆进行管理,提供对外服务与利用。这就要求档案馆建立的电子档案管理信息系统不仅安全可靠,而且能够阅读和浏览签名的电子文件,目前这一技术已经由很多单位实现,并做成插件形式,可以嵌入到档案管理信息系统中,必要时可以打印出带有印章的档案文件,作为凭证依据。当前市场上流行的模拟纸质文书的数字纸张就是非常典型的应用案例。

电子文件归档过程可以看作是对传统纸质档案的电子化模拟与流程化规范的过程，所不同的是从对文件的收集、整理、鉴定、移交、接收到管理的全过程都采用了网络、信息系统、数字签章和身份认证的电子化与自动化操作模式。这种方式，一方面使电子文件归档过程变得简单、快捷、自动化程度高；另一方面使人们对电子档案原始文件的管理与管理档案目录数据的信息系统实现了同步管理，最大限度地减少了人工的干预，提高了归档工作的效率，更重要的是，也大大增强了归档过程的规范性和安全性。至于网络和信息系统带来的安全风险，是能够通过采取各种现代技术手段得到控制和加强的。事实上，有权威机构统计，70%的信息安全事件来自管理上的漏洞，应该说采用自动化手段执法比靠人工执法的安全性要高。因此，作为新时期的档案工作者，应该顺应历史的潮流，改变传统的观念，大胆地接收真实、合法、完整、有效的电子文件，做到对历史负责、为现实服务、替未来着想。

三、数字化档案信息安全保障的总体结构

“坚持积极防御、综合防范的方针，全面提高信息安全防护能力，重点保障基础信息网络和重要信息系统的安全，创建安全健康的网络环境，保障和促进信息化发展，保护公众利益，维护国家安全”是国家对信息安全保障工作的总体要求，也是架构数字档案信息安全保障体系的总体指导思想。

各档案管理部门应在遵守公共安全、信息安全、计算机安全等法律法规制度的前提下，首先建立保障数字化档案信息安全运行的组织体系，制定安全管理的规章制度，加强教育和培训，提高所有人员的安全意识，规范操作过程，坚持全员思想上的同步安全原则，开展科学的档案管理工作，杜绝由于人为因素而引发安全事件；其次根据档案数据、业务流程以及内部网络设备的使用特点，建设各个层次的技术保障措施，设定和执行网络边界区域防火墙、入侵检测、网络管理系统等安全策略，加强内外网络之间访问权限的控制与管理，对内部网络中的计算机和服务器，加强操作系统和应用程序的修补与更新，强化应用程序的安全，合理分配各用户的操作权限，根据需要对存储系统与档案数据采取必要的加密措施等一系列的技术保障措施；最后，在运行环节上加强管理和控制，在内部网络所有层次上落实安全管理制

度，实施保障安全运行的有效措施，对保密档案数据实行物理隔离措施，对在线运行系统的档案数据采取异地备份、介质备份等措施，对于开放的档案数据提高防篡改的能力，对当前业务流程中正在处理的数据加强真实性、完整性和有效性的控制。

总之，在数字化档案信息的综合管理过程中，我们需要采用这种多维的分层管理与控制体系，建立保护全网安全的防护体系，加强内部管理，提高安全意识，采取各种措施和手段加强防范，增强攻击者被检测到的风险，降低攻击者的成功率，从而在网络安全、系统安全、应用安全的基础上保障数字化档案信息的安全。

参考文献
REFERENCES

[1]档案管理与信息化建设[M].天津：天津人民出版社，2019.

[2]高策，张显通，张引，付荟.档案信息管理系统的设计与开发[J].现代信息科技，2020，4(12)：113—115.

[3]郭美芳，王泽蓓，孙川.档案信息化建设与管理[M].长春：吉林人民出版社，2021.

[4]郭倩.高校档案管理网络化建设分析[J].办公室业务，2019(19)：84—86.

[5]韩静.高校设备档案管理体系构建研究[J].兰台内外，2022(30)：65—80.

[6]胡元潮.档案管理理论与实践 浙江省基层档案工作者论文集[M].杭州：浙江工商大学出版社，2021.

[7]计算机信息技术与档案管理研究[M].长春：吉林出版集团股份有限公司，2019.

[8]金波.档案多媒体编研究[M].上海：上海世界图书出版公司，2020.

[9]李蕙名，王永莲，莫求.档案保护学与科技档案管理工作[M].沈阳：辽宁大学出版社，2021.

[10]李宁宁.试析大数据时代的档案信息化管理[J].信息记录材料，2022，23(11)：68—70.

[11]刘春意.论档案利用社会化的实现路径[J].湘潮(下半月)，2016(01)：95—96.

[12]刘娇.创新管理手段完善企业档案保密安全工作[J].办公室业务，2022(24)：89—91.

[13]刘洋.档案信息化服务的特点、架构与实践[J].兰台内外，2022(36)：40—42.

[14]卢捷婷，岑桃，邓丽欢.互联网时代下档案管理与应用开发研究[M].北京：北京工业大学出版社有限责任公司，2022.

[15]卢森林，吴丽华．基于网络环境下馆藏档案数字化、编研与利用研究[M]．北京：北京理工大学出版社，2015.

[16]孟凡强．档案信息化建设与档案管理的研究[J]．兰台内外，2023(01)：13—15.

[17]潘潇璇．档案管理理论研究[M]．延吉：延边大学出版社，2018.

[18]邵瑞萍．大数据时代文书档案管理一体化研究[J]．兰台内外，2022(21)：18—20.

[19]四川省档案局．档案法治与行政管理[M]．成都：四川人民出版社，2017.

[20]四川省档案局．档案信息化建设[M]．成都：四川人民出版社，2017.

[21]苏联灯．面向档案信息系统区块链支撑平台的构建[D]．深圳：中国科学院大学(中国科学院深圳先进技术研究院)，2020.

[22]索晓欣．高校档案管理的多元化发展探讨[J]．赤峰学院学报(自然科学版)，2021，37(10)：72—74.

[23]唐义．我国公共数字文化资源整合模式研究[M]．武汉：武汉大学出版社，2017.

[24]田兵兵．从知识管理出发创新档案信息资源管理策略[J]．北京档案，2021(05)：36—38.

[25]田雨．探析档案信息安全保障体系的建设[J]．兰台内外，2022(10)：76—78.

[26]王辉，关曼苓，杨哲．大数据环境下档案信息化管理[M]．延吉：延边大学出版社，2018.

[27]王静．档案信息化建设的必然趋势与实现路径[J]．办公室业务，2022(10)：117—118.

[28]王兰成，黄永勤，刘晓亮．档案社会化媒体信息资源整合研究[M]．北京：科学出版社，2022.

[29]王文江．数据挖掘技术在城建档案信息管理中的作用[J]．城建档案，2019(03)：13—14.

[30]王奕文．档案信息资源开发利用的有益探索[J]．黑龙江档案，2022(03)：208—210.

[31]王玉蓉．电子档案管理业务流程重组研究[D]．湘潭：湘潭大学，

2021.

[32]谢永宪.中国数字档案信息长期保存的策略体系研究[M].北京:研究出版社,2019.

[33]信息化档案管理应用研究[M].延吉:延边大学出版社,2019.

[34]闫新.档案信息服务保障体系研究[D].哈尔滨:黑龙江大学,2018.

[35]杨丹一.我国数字档案资源风险管理问题与对策研究[D].保定:河北大学,2019.

[36]虞浩.密切协作 联动配合 开创档案利用服务新模式[J].四川档案,2022(06):64.

[37]袁玉平.浅析档案的信息数字化建设[J].信息技术与信息化,2019(01):125—126.

[38]张彪.档案信息管理系统的设计与实现[D].天津:河北工业大学,2017.

[39]张仁芬.档案信息化管理[M].长春:吉林摄影出版社,2019.

[40]张书杰.新时期城建档案信息化初探[J].办公室业务,2018(11):39.

[41]张怡静.智慧城市背景下的档案信息化研究[D].郑州:郑州航空工业管理学院,2017.

[42]赵健.综合档案馆档案信息安全保障策略的实践与思考[J].黑龙江档案,2022(03):330—332.

[43]赵丽颖,芦利萍,张晨燕.档案管理实务与资料整理[M].长春:吉林人民出版社,2021.

[44]周文泓.Web2.0环境中参与式的信息档案化管理 走向全景档案世界[M].杭州:浙江大学出版社,2018.